Duocai Hu-Hang　　Gongjian Gongxiang
——Hu-Hang Tielu Daijian Moshi Jingyan Zongjie

多彩湖杭　共建共享
——湖杭铁路代建模式经验总结

湖杭铁路有限公司　编著

人民交通出版社股份有限公司
北　京

内 容 提 要

本书以湖杭铁路有限公司建设成果和管理经验为依托,分别从铁路工程项目建设实施、运营管理等方面,详细介绍了湖杭铁路建设所取得的丰硕成果和运营管理经验,可为其他铁路的建设和运营管理提供借鉴。

本书可供从事铁路设计、科研、施工、运营管理等铁路建设和管理人员参考使用。

图书在版编目(CIP)数据

多彩湖杭　共建共享:湖杭铁路代建模式经验总结/湖杭铁路有限公司编著. —北京:人民交通出版社股份有限公司,2023.11
ISBN 978-7-114-19050-6

Ⅰ.①多… Ⅱ.①湖… Ⅲ.①高速铁路—铁路工程—工程建设—概况—浙江 Ⅳ.①F532.3

中国国家版本馆 CIP 数据核字(2023)第 199897 号

书　　　名：多彩湖杭　共建共享——湖杭铁路代建模式经验总结
著　作　者：湖杭铁路有限公司
责任编辑：翁志新
责任校对：赵媛媛　魏佳宁
责任印制：张　凯
出版发行：人民交通出版社股份有限公司
地　　　址：(100011)北京市朝阳区安定门外外馆斜街 3 号
网　　　址：http://www.ccpcl.com.cn
销售电话：(010)59757973
总 经 销：人民交通出版社股份有限公司发行部
经　　销：各地新华书店
印　　刷：北京建宏印刷有限公司
开　　本：787×1092　1/16
印　　张：10.5
字　　数：165 千
版　　次：2023 年 11 月　第 1 版
印　　次：2023 年 11 月　第 1 次印刷
书　　号：ISBN 978-7-114-19050-6
定　　价：78.00 元

(有印刷、装订质量问题的图书,由本公司负责调换)

《多彩湖杭　共建共享
——湖杭铁路代建模式经验总结》
编委会

主　任：言建标

副主任：王志发　何寨兵

编　委：王荣贵　王筱骅　沈　安　夏海宾

前　　言

合杭高速铁路湖杭段(简称湖杭铁路)是国家重点交通项目,也是杭州第19届亚运会重要保障项目之一,是浙江省交通投资集团有限公司(简称浙江交通集团)、中国铁路上海局集团有限公司与铁路沿线地方政府共同投资,围绕建设现代化基础设施,加快建成高水平交通强省,打造"重要窗口"的标志性工程,同时也是浙江交通集团牵头投资建设的首条高速铁路。

在浙江省省委、省政府的正确领导下,在浙江省发展和改革委员会等部门、沿线各级党委和政府的支持帮助下,浙江交通集团充分发挥交通建设主力军作用,历时33个月,高质量完成了湖杭铁路建设任务。跨越百年历史交汇期,从无到有,湖杭铁路填补了浙江省高铁建设领域的空白;从有到优,湖杭铁路提升了以省为主的高铁建设技术力量和行业地位;从优到精,湖杭铁路成为浙江省打造"重要窗口"、建设交通强国示范区、高质量发展建设共同富裕示范区的重要手笔。

为总结湖杭铁路项目建设管理经验,湖杭铁路有限公司特别组织了公司参建员工撰写各类论文,经斟酌筛选,本书共收录了20篇文章,内容涉及工程建设、安全质量、风险管控、科技创新、党建纪检、人才管理等多个方面,编著《多彩湖杭　共建共享——湖杭铁路代建模式经验总结》论文集。该论文集不仅是湖杭铁路全体同仁对本职工作进行总结、反思的过程记录,更是他们在项目建设中的智慧结晶,是公司的宝贵财富。

此书旨在进一步深化公司企业文化建设,加强经验成果的交流与分享,提升公司企业形象及影响力。我们希望能够利用高速铁路建设领域内积累的丰富经验,为浙江交通集团迈向世界一流企业、为浙江轨道集团"第一平台"融合发展和长三角一体化做出积极贡献。

本书在编写过程中有不当和疏漏之处,敬请读者批评指正并提出宝贵意见。

编　者

2023年10月

目　录

多彩湖杭　共建共享——打造高质量高速铁路 ………………………… 言建标(1)

建设施工篇

关于如何进一步完善新建高速铁路项目征地拆迁包干模式
　　确保建设顺利实施相关问题的探讨 ………………………………… 李银华(23)
浅谈高速铁路站房大跨度钢结构健康监测系统的建立与应用 ………… 孙国庆(30)
土地新政下高速铁路建设临时用地选址及复耕研讨 …………………… 王　炜(47)
浅论铁路建设工程消防设计施工要点 …………………………………… 王仲伟(53)
高铁代建视角下铁路征地拆迁管理研究 ………………………………… 王志发(62)
高速铁路建设期涉河涉堤补偿工程管理及铁路保护措施的
　　研究与思考 ……………………………………………………………… 徐　晗(69)
铁路工程造价的管理与控制分析 ………………………………………… 李江涛(75)
论轨道交通建设项目跟踪审计 …………………………………………… 曹大中(81)
铁路工程项目施工风险管理研究 ………………………………………… 冯　林(87)
高铁工程建设中防疫措施及进度控制 ……………………… 邬振宁　章莉莉(94)

科学管理篇

代建模式下高铁建设管理关键要点及体会 …………………………… 何寨兵(101)
数字征地拆迁平台在浙江省铁路建设项目的
　　初步实践 ………………………………………… 章　睿　郭宗昊　王　炜(112)
浅谈工程资料在铁路工程管理中的作用 ……………………………… 史　婷(120)
湖杭铁路在国铁代建模式下建设单位的安全管理探讨 ……………… 黄群勇(125)

浅谈湖杭铁路外部环境安全隐患治理对策 …………………………… 钱　琛（132）
论项目文化推动工程建设的有效性——"多彩湖杭　共建共享"的
　　文化形成与落地推广 ………………………………………………… 杜旸旸（137）
代建模式下党风廉政建设的探索与实践 …………………………… 王丹丹（142）
铁路建设项目代建模式下业主单位安全监管探析 ………………… 王筱骅（146）
家文化下铁路建设单位员工的归属感研究 ………………………… 王丹丹（150）
立体化廉政建设体系助推项目建设提质增效见速 ………………… 王丹丹（155）

多彩湖杭　共建共享——打造高质量高速铁路

湖杭铁路有限公司　言建标

湖杭铁路是"轨道上的长三角"节点工程和杭州第19届亚运会重要保障项目,是浙江省首次主导建设的高速铁路。湖杭铁路有限公司党委坚持以习近平新时代中国特色社会主义思想为指导,充分发挥国有企业独特优势,坚持党建与生产建设、企业治理深度融合,构建党的全面领导下的共建共享高铁建设管理体系,打造了"多彩湖杭　共建共享"党建工作品牌。

一、项目背景

湖杭铁路属于国家重点交通项目,全长137.8km,桥梁50座、长81.8km,隧道33座、长41.4km,双线高速铁路,设计速度350km/h,总投资374亿元,全线设湖州(接轨站)、德清、杭州西、富阳西、桐庐东、桐庐(接轨站)6个车站,于2019年12月全面开工建设,建设工期33个月,2022年9月建成通车。浙江省交通投资集团有限公司下属的湖杭铁路有限公司负责项目建设资金筹措、建设实施、生产经营等,根据国家、行业和中国国家铁路集团有限公司(以下简称国铁集团)的有关规定,项目委托沪昆铁路客运专线浙江有限责任公司(以下简称沪昆客专浙江公司)负责工程建设管理。湖杭铁路的建成,使浙江省1小时交通圈成为现实,也为浙江争创社会主义现代化先行省和高质量发展建设共同富裕示范区注入了新的活力。

项目在面临建设要求高、参建单位多、项目工期紧的情况下,如何更好实现参建、涉及铁路建设的相关单位(以下简称涉铁单位)等凝心聚力,打造思想统一、步调一致的共建共享命运共同体;如何更好发挥各单位的优势,实现优势互补,建设多彩高铁;如何克服诸多困难来打造一条高质量的高速铁路,最终实现共建共享,这些内容成为新形势下湖杭铁路有限公司党委党建工作的重要着力点。

二、项目概述

湖杭铁路有限公司坚持以习近平新时代中国特色社会主义思想为指导,积极学习贯彻习近平总书记关于国有企业党的建设和改革发展的重要论述精神，以党建红色动能凝聚所有参建、涉铁单位等最大合力，通过"多彩湖杭　共建共享"党建品牌的创建，打造党的全面领导下的共建共享高铁建设管理体系，推动湖杭高铁高质量建设。

共建共享，三大体系共协作。"多彩湖杭　共建共享"的出发点和落脚点是实现共建共享。构建党的全面领导下的共建共享高铁建设管理体系，是该党建品牌最大的亮点，也是最重要的经验启示。正是有了共建共享，才有了多彩湖杭；正是有了共建共享，才让"多彩"更加绚丽。从组织上保证共建共享命运共同体的目标共聚，从机制上实现共建共享命运共同体的互联互通，从活动上激发共建共享命运共同体的奋斗激情，组织、机制、活动三大体系协同，推进共建共享。

党建引领，红色湖杭绘底色。红色寓意坚持党的领导、加强党的建设。红色是多种颜色的统领，红色始终贯穿在"多彩"的创建之中。湖杭铁路建设中涌现了技术党课、职工业余党校、党群协理员、党员责任联系点、党员先锋岗等红色引领多彩的诸多好做法，实现了全线党旗飘扬、党员带头攻坚的湖杭铁路高质量建设的昂扬态势。

攻坚克难，银色湖杭显担当。银色寓意速度。湖杭高铁建设的一个重要背景是在工期紧的情况下，一边抓施工生产，一边抓疫情防控。正是有了银色湖杭的创建，实现了杭州西站项目成为浙江省最早一批复工的项目并提前1个月保质保量完成了3153根桩基施工，富春江特大桥主桥整个钢梁架设工期节省100余天等诸多湖杭速度。

温度智治，橙色湖杭重管理。橙色寓意管理，一流的铁路建设需要一流的管理。湖杭铁路全线将党的领导融入施工建设各环节，将企业党组织内嵌到公司治理结构之中，打造智慧的管理、高效的管理、有温度的管理，智慧工地平台、BIM技术的应用、SCORE项目、生活设施配备标准化的职工之家正是这些理念落地的体现。

全程防控，黄色湖杭保平安。黄色寓意安全，有了安全，才有一切。针对建设领域安全事故多发的特点，在湖杭铁路建设过程中推行了安全机构重塑、网格化安全管理、安全首件制、群安员等举措，打造从施工进场、过程检测到结果考评的全过程安全管理，其中工地上的VR安全体验馆、网格员绩效工资系数±20%的调控等举措更好增强了全体员工的安全意识。

减污节能,绿色湖杭护环境。绿色寓意节能减污。湖杭铁路部分线路位于"两山"理念发源地的湖州市境内,湖杭铁路抓住有利地缘优势,积极倡导推动绿色施工生产和绿色长廊建设,拓展绿色湖杭内涵。参建单位不仅坚持项目建设与环境保护同步推进,而且创新技术、工艺、材料实现节能降耗。其中,杭州西站枢纽屋顶外表面采用的辐射制冷膜可实现整体空调系统综合年节能率达35%~45%,电力需求削峰比约60%。杭州西站站房及相关工程获评国家三星级绿色建筑设计标识。

预防为主,青色湖杭促廉洁。青色寓意清廉,清廉是品质的保证。党建引领下的铁路建设,清廉更是应有之义。公司党委紧扣清廉湖杭建设的主线,通过共建清廉建设共同体、打造清廉宣教基地、全线深化风险防控3大举措,着力解决项目点多线长、"场所难、统筹难、学习难"等问题,努力实现工程建设中以廉提质、以廉增效、以廉促建。其中,打造了浙江省首个高铁项目工地上的警示教育馆。

"四新"引领,蓝色湖杭拓创新。蓝色寓意创新。助推创新湖杭、智能湖杭建设是"多彩湖杭 共建共享"党建品牌工作的重要内容。全线积极运用新材料、新设备、新工艺、新技术的"四新"技术,其中的自动化小型预制构件厂、智能梁场等智慧工地建设、隧道3D激光扫描技术、隧道衬砌防脱空工艺等受到各方关注。富阳的自动化小型预制构件厂日产能提高2.3倍,工期缩短57%,人工数量由45人减少到2人,基本实现无人化。

品质为要,紫色湖杭树品牌。紫色寓意品质。作为杭州第19届亚运会重要配套工程,湖杭铁路的政治意义重大,这就更加要求湖杭铁路是一条高质量的铁路。各标段通过开展"标准化开工、第一次做对"、QC(质量控制)小组创优、重点工程包保小组等活动,加强全面质量管控,共同打造示范标杆的高铁品质工程。

三、主要做法

(一)组织、机制、活动三大体系协同,推进共建共享

一是从组织上保证共建共享命运共同体的目标共聚。湖杭铁路建设涉及国铁集团、浙江省交通投资集团有限公司、地方政府等多个主体,包括出资方、代建方、第三方服务单位等多个角色,如何协调好多元主体,使大家心往一处想、劲往一处使,党组织在这个过程中起到了主心骨的关键作用。湖杭铁路有限公司党委班子成员来自浙江省交通投资集团有限公司及地方投资主体、国铁代建单位

等多元股东,公司党委充分发挥党的领导的制度优势,从顶层设计层面统一思想、统筹管理,形成了决策、议事、执行等工作机制和制度体系,充分发挥公司党委把方向、管大局、促落实的领导作用,把党的领导制度优势更好转化为公司治理和项目管理效能。各项目部也都成立了党组织,并下设党支部,如浙江交工余杭特大桥站前4标段项目经理部于2020年9月15日成立90党支部。可以说,建设推进到哪里,支部就建到哪里。正是有了党的政治领导、思想领导、组织领导,所有参建单位能够从政治高度来参与湖杭铁路建设,将湖杭铁路建设成为一条高质量铁路成为所有湖杭铁路人的共同目标。

二是从机制上实现共建共享命运共同体的互联互通。 通过共同打造体系、共同学习交流、共同攻坚克难,打造了湖杭铁路建设的多层次、全方位、跨单位的共建共享机制。**共同打造协作体系。** 构建了专班运作、过程追踪、闭环管理的各层级协调推进机制,如通过铁路部门、地方政府每半年联合推进会,浙江省政府每月推进会,浙江省发展和改革委员会(以下简称浙江省发改委)每周专项推进会,沪昆、湖杭、西站枢纽三方每月协调例会,实现了上至省部级单位,下达湖杭铁路公司、沪昆客专浙江公司、参建单位、属地政府等的良好沟通。**共同学习交流进步。** 湖杭铁路沿线地方政府、建设单位、施工单位等参建单位轮流牵头,围绕党的建设、目前进展、重点难点等开展主题活动和工作交流,如全线基层党组织书记季度例会、主题党日活动、廉洁警示教育、安全应急演练等,实现共享经验做法和学习资源。**共同攻坚破难前进。** 公司切实履行主体责任,完成征地拆迁、涉河涉路施工协调、项目资金筹集等工作。沪昆客专浙江公司强化施工组织举措,抢抓工期节点,大力推动全线工期调整、站房设计变更等事项有序推进。湖杭铁路沿线地方主动靠前服务,把讲大局落到实处,全力以赴保障湖杭铁路无障碍施工。通过湖杭铁路工作专班制定问题清单,梳理协调清单,挂单销账跟踪,已推进施工建设152个卡控点的全部解决。

三是从活动上激发共建共享命运共同体的奋斗激情。 以红色为底色,**党史学习教育强基铸魂。** 全线全面开展党史学习教育,深化实施"为党旗党徽添彩,建智能精品湖杭"和"学党史,当先锋,奋战百天、争创一流"主题活动,组织参建单位党组织锚定目标、协同共进。**以多彩为特色,项目示范点选树创优。** 组织参建单位开展"多彩湖杭 共建共享"示范点选树创优,引领和激发项目全线打造红色党建、银色速度、橙色善治、黄色安全、绿色生态、青色清廉、蓝色创新、紫色品质的"多彩湖杭",总结、推广和共享项目建设的先进经验和特色做法。**以竞赛为抓手,立功竞赛激励赋能**。组织参建单位实施"两美"浙江重点工程劳动立功竞赛、浙江省在建铁路项目建设推进立功竞赛等,并通过八比八创、季度考评、年度表彰等形式,发挥"赛马机制"作用,高效率推进湖杭铁路高质量建设。

(二)让红色绘就湖杭高铁建设的底色,打造红色党建湖杭

红色寓意坚持党的领导、加强党的建设。红色是多彩湖杭的底色,是多种"颜色"的统领。湖杭铁路有限公司党委坚持"围绕项目抓党建、抓好党建促项目"理念,抓住党史学习教育等契机,让红色贯穿于多彩之中,持续深化党建联建,推动各支部和党员分别充分彰显战斗堡垒和先锋模范作用。

一是持续开展党建活动。2020年5月,湖杭铁路有限公司党委联合沪昆客专浙江公司党委开展了"为党旗党徽添彩 建智能精品湖杭"主题活动;2021年4月,联合开展了"多彩湖杭 共建共享"党建品牌活动。各参建单位、涉铁单位等通过联合主题党日等活动,围绕党的建设、项目进展、重难点任务等开展主题活动和工作交流,如共同开展专题培训、廉洁警示教育等,共享经验和学习资源。在这个过程中,搭建了各标段之间交流学习的平台,尤其通过对典型人物、先进事迹的宣传,让各标段之间有了了解、加强了学习、增进了友谊,最终实现以学习促生产。2021年,公司党委与参建单位共建宣教基地2个,召开经验交流会2场。与此同时,公司也加强了与各标段的沟通和交流,了解了一线生产需求。自项目开工,各标段涌现了技术党课、职工业余党校、党群协理员、党员责任联系点、党员先锋岗等红色引领多彩的诸多好做法。

二是持续深化党建联建。湖杭铁路有限公司党委以党建红色动能凝聚所有参建、涉铁单位最大合力,构建合同联通、党建联合、检查督导常态化联系的"三联"机制。一方面,积极深化参建单位的党建联建。如湖杭铁路有限公司党委与沪昆客专浙江公司党委,湖杭铁路有限公司第一党支部与浙江省人民政府国有资产监督管理委员会财评处党支部、监督处党支部、杭州市西站枢纽公司第一党支部,湖杭铁路有限公司第二党支部与杭州市铁路建设管理中心党支部分别开展党建联建。与此同时,公司每季度组织全线党组织书记例会,通过沟通交流凝聚共识,推进任务领办。另一方面,深化项目单位与电力部门、地方政府等涉铁单位的沟通交流,推进施工建设卡控点的加快解决。中铁大桥局湖杭铁路站前1标联合桐庐县江南镇政府开展安全月宣传活动。中铁四局湖杭铁路项目部坚持

"建一项工程,树一座丰碑,交一方朋友"的原则,通过发挥党建优势,实现企地共建。项目部从各分部抽调优秀的党员代表、党群工作协理员,通过为村民义务修路、邀请居民代表参观工程建设、走访困难户、帮助孤寡老人搬家等活动,加强与村民关于工程建设的沟通交流。2021年,在抗击台风"烟花"过程中,湖杭铁路有限公司建立24小时多级联动应急机制,全线"党员突击队"和"青年突击队"充分发扬冲锋在前的精神,有序组织9766名参建人员转移安置,同时积极调动挖掘机、铲车、抽水泵等设备,主动投入到与属地政府的联动抗台抢险中去。

三是持续发挥党组织和党员的作用。公司党委高举红色旗帜,引领项目全线党组织和党员干部,织密战斗网格,建强战斗堡垒,发挥先锋作用。2020年,湖杭铁路电力迁改工作的完成更是和参建、涉铁单位的党组织、党员作用的发挥分不开。当时,电力迁改时间紧、任务重、涉及面广,在浙江省发改委牵头组织和电力部门、地方政府等大力配合下,全员鏖战73天完成6处500kV超高压电力迁改。2021年,全线党组织和党员继续发挥先锋作用,5月,33座隧道提前2个月实现贯通;6月,总质量约1.1万t的杭州西站站房屋盖钢结构在206台大型设备牵引下提前1个月完成提升;7月,杭州西动车所10959根钻孔桩和3208个承台全部提前完成;8月,湖杭铁路全线架梁完工,富春江特大桥正式合龙;9月,全线最大转体连续梁顺利转体;10月,富阳西站主体结构封顶;11月,杭州西动车所上盖工程主体结构封顶;12月,桐庐牵引变电所房屋顺利封顶,正式进入全线铺轨阶段;2022年1月,湖杭铁路正线轨道贯通;2022年9月,湖杭铁路正式投运。

(三) 跑出抗疫抗台和施工生产的加速度,打造银色速度湖杭

银色寓意速度。湖杭铁路建设的一个重要背景就是在工期紧的情况下,一边抓施工生产,一边抓疫情防控。在这个背景下,湖杭铁路建设仍有着银色的湖杭速度,湖杭速度体现在高效抗疫抗台和加快施工生产两个方面。

一是党建统领,实现抗疫抗台的高效。2021年7月30日,疫情防控三级应急响应以来,公司党委快速响应,压实责任。向全线参建单位先后下发疫情防控类通知和倡议书4份以及出入口管理、人员管理、环境管理、物资管理、应急管理5方面17条措施的湖杭铁路项目疫情防控工作要点。同时,立查立改,堵牢漏洞。党委班子成员带队检查,按照存在问题不放过、整改处理不放过、警示教育不放过的"三不放过"原则,逐一查找漏洞、限期整改,对11个施工单位、8个监理单位做到全覆盖,发现问题20余处,下发检查整改通知单7份,并对检查发现的

问题进行"回头看"。在 2020 年的抗疫斗争中,各项目部均成立了党组织领导的抗疫复工领导小组,其中杭州西站项目是浙江省最早一批复工的项目,中央电视台曾对项目进行了专题报道。2020 年 3 月 20 日,杭州西站工程建设指挥部以"抗疫复产双胜利、杭州西站在行动"为口号,举行"双战双胜利"劳动竞赛启动仪式暨授旗誓师动员大会,旨在特殊时期把党员干部组织起来、把职工群众动员起来,合理采取 24 小时两班倒作业,保证了 1000 余名工人、100 余台大型机械高质高效有序推进。5 月 15 日,历时 84 天,项目部使用钢筋 7660.682t,浇筑混凝土 78322.34m³,提前 1 个月保质保量完成了 3153 根桩基施工。

二是党建助力,跑出施工生产的加速度。这些助力的举措有党员经理助力工艺创新、"党建+"竞赛、党员责任区、技术党课等。工艺创新减难度。湖杭铁路全线长 137.8km,其中桥梁 50 座、长 81.8km,隧道 33 座、长 41.4km,桥隧众多,备受外界关注,其中的富春江特大桥是国内首座单跨 300m,设计速度 350km/h,4 线无砟轨道高低塔斜拉桥。中铁大桥局湖杭铁路站前 1 标通过创新施工工艺,缩短施工工期,其中的搭设钢梁滑移支架工艺的应用,让时间大大节约。3 号墩边跨侧 6 节钢梁、下横梁顶节钢梁、中跨 11 节钢梁采用钢管桩加型钢作为滑移支架,在滑移支架上设置滑道梁,取代钢梁悬臂架设,使钢梁架设不受挂索工期限制,实现塔梁同步施工,同时单节钢梁架设时间由悬臂架设 13 天缩短到 6 天,整个钢梁架设工期节省百余天。在这个过程中,共产党员工区经理谭德林作为班子成员包保一工区进度,第一时间解决关键性难题。为坚守主桥的建设,他毅然延长退休年龄,带领全体党员同志奋战一线。开展"党建+"竞赛比速度。湖杭铁路全线开展了贯穿全年的"两美"浙江和"建人民满意工程"劳动竞赛活动,许多项目部也自行开展了"抓防控、促复工、保工期""奋战 100 天,攻坚在湖杭""大干 100 天,迎接建党 100 周年""创岗建区""旗扬杭州西,决战动车所""大干上半年,喜迎建党 100 周年""大干四季度,决胜保目标"等"党建+"竞赛活动。党员冲锋在前提进度。中铁大桥局湖杭铁路站前 1 标以各工区为基本单位,设立 2 个党员责任区,其中一个就是主桥的第一责任区。中铁十一局湖杭铁路站前 3 标举办"攻坚克难,建功湖杭"党员攻坚突击队誓师大会,5 支重难点卡控工程党员攻坚突击队和 2 支青年突击队获得授旗。技术党课解难题。中铁十一局湖杭铁路站前 3 标定期针对当前重难点举办技术党课,由党员项目总工、副经理、技术专家等讲授专业知识,对年轻技术人员进行培训,共同分析施工问题,探讨对策。

（四）实施智慧高效有温度的管理，打造橙色善治湖杭

橙色寓意管理，一流的铁路建设需要一流的管理，没有有效的管理就不可能有一流的建设，在有着高标准的工程质量要求、如此众多的建设主体、繁重的建设任务面前，更是如此。湖杭铁路全线将党的领导融入施工建设各环节，将企业党组织内嵌到公司治理结构之中，打造智慧、高效、有温度的管理。

一是管理手段注重数字化、信息化，实现智慧化的管理。 项目全线围绕"智能工地，智慧湖杭"建设目标，运用信息化、BIM技术等手段实现施工建设的精细化管理。湖杭铁路各标段成立了以先锋党员为组长的智慧工地领导小组，领导小组负责铁路工程管理平台中信用评价、自动监测、采集相关模块应用，负责系统实施过程中重大事件的决策，依托铁路工程管理平台实现施工过程中各类数据的集成，对施工组织、施工日志、围岩量测、拌和站和实验室、沉降观测、工程影像、超前地质预报、桥梁形象化、隧道形象化和安全步距、连续梁线形监测、连续梁自动张拉压浆、视频监控模块、梁场及桥梁静载、环水保等项目实施有效考核。在大圩里特大桥转体连续梁施工过程中，经理部依托湖杭铁路"智慧工地平台"，在本桥首次采用了转体连续智能监控信息系统，通过安装亚毫米级高精度北斗卫星定位天线及应力应变计，与BIM模型结合，实现了三维显像化实时监测梁体转体姿态，最终实现精准定位。

二是管理过程注重协同和沟通，实现高效能的管理。 中铁四局湖杭铁路项目部负责湖杭铁路站前5标、杭州西站站房1标、杭州西动车所下部基础、杭州西动车所上盖的施工，相当于1个项目部分管了4个工程。其中，杭州西动车所、杭州西站站房工期紧张，施工任务繁重，施工组织和综合协调工作量较大，现场面临施工专业多、交叉施工工点多、施工作业面狭窄、场内外道路拥挤等不利因素。为此，指挥部以"大施组、大协调、大部制"为抓手，打造以党员干部牵头的分部和专班团队，解决管理力量分散、职责不清和管理跨度大等问题，推动各项目施工生产和安全质量全面受控。实行大部制管理机制，经理部除工程部、安质部根据各项目业主要求，相对固定具体专业工程师外，其他部门一律实行大部制，对所属4个项目进行统筹管理，分工负责，确保管理职责清晰、目标明确。实行大施组管理，经理部以实施性施组为统领，狠抓各项目分部施组执行情况，明确局指与各项目分部职责分工。实行大协调机制，由3个分管副指挥长牵头成立各项目工作专班，负责对各项目施工进度、安全质量、文明施工和外部协调等工作进行全

面管理,充分发挥一体化优势,确保管理力量集中,外部协调机制畅通。

三是管理细节注重人文关怀,实现有温度的管理。高铁建设的一个特点就是参建人员不论是项目管理人员还是农民工兄弟都常年在外,而且民工是重要的建设力量,党建融合下的施工建设应更加关注、关心这个群体。为提高参建人员生活质量,湖杭铁路有限公司党委积极倡导"建家就是建企"的理念,让在外工作人员在第二故乡留得住、安下心、干得欢。如中铁建工湖杭铁站房2标积极开展职工之家建设,打造有温度工地之家,配备了标准化的洗衣室、晾衣棚、淋浴间、空调房、家餐厅等,使职工之家成为一线参建人员的"减压阀"和"黏合剂"。2021年,在高温酷暑和疫情防控双重挑战下,湖杭铁路及时调整施工组织计划,制定施工"凉策";开展"夏送清凉"活动,为一线建设者发放防暑降温物资。各项目部通过调整作息时间、配备降暑设备、赠送防暑物质等举措关爱员工。西站工地现场配备30余台高架轴流风机,无论工人在哪里作业,风扇都能紧随其后。

(五)筑牢全过程安全管理体系,打造黄色安全湖杭

黄色寓意安全,安全是前提,有了安全,才有一切。针对建筑行业安全事故易多发的特点,湖杭铁路有限公司党委提出打造黄色安全湖杭的理念,各参建单位采取了安全机构重塑、网格化安全管理、安全首件制、群安员等举措,打造从施工进场、过程检测到结果考评的全过程安全管理。

一是安全教育多维化。进场的安全教育是各个标段的必选动作,许多标段创新教育形式,让安全意识入脑入心。如中铁大桥局站前1标现场安全负责人主动深入现场,通过播放安全教育小视频、发放小手册等方式进行安全教育,答题得分在90分以上方可进场。项目部还在主桥设立VR体验馆、购置定位安全帽,利用现代科技帮助现场安全管控;结合安全生产月,设立安全咨询台解答大家的安全疑问;邀请协力队伍参与制作安全教育普及小视频,并通过抖音等新媒体进行宣传,让安全教育宣传入工地、入宿舍。中铁五局浙江交工湖杭铁路站前4标通过入场三级教育、安全基本知识和技能培训、安全专项教育、典型经验和事故案例教育等多种形式,提高管理人员和作业人员安全意识,形成"人人懂安全、人人守安全"的工作氛围。

二是过程把控责任化。通过过程把控,先从源头及时发现和消除事故隐患,然后再织密现场安全质量管理网络,最大限度地预防和减少安全质量事故的发生。过程把控有以下几类。**安全机构重塑**。中铁大桥局站前1标将原安质部分

解成安环部和质量部两个部门,缓解原安质部同时监管安全和质量两大体系的压力。监理、业主等外部沟通职责,统一由安环部牵头,内部安全环保类管理归口安环部,质量类管理归口质量部,让安质体系职责更明确。**管理组织网格化**。项目部同时将主桥施工点划分成多个网格,通过选拔、考核,让责任心强、业务能力突出的工区和协力队伍骨干作为网格化安全质量管理人员(兼职安全员、群安员),全面加强网格内安全质量管控。**管理主体全员化**。群众安全监督员制度是党的群众路线在安全管理领域的践行,群安员的选拔采取两种方式,一种是自愿报名,然后进行项目培训,培训合格后发放群安员袖章或证件;另一种是组织任免,选拔现场发现问题并上报的表现优秀群众为群安员。通过发动公众参与,形成人人争当光荣安全管理者,人人管安全的良好氛围。**安全首件制度**。中铁五局浙江交工湖杭铁路站前4标构建"党政同责、一岗双责、齐抓共管"的安全生产管理体系,推行安全首件制度,优先采用行业先进的、成熟的、推广的安全设施设备和安全生产标准化创建成果,推进施工现场安全生产标准化建设,强化源头管理,完成提桩基工程安全首件标准、承台施工安全首件标准、墩身施工安全首件标准、0号块施工安全首件标准、挂篮施工安全首件标准。编制《安全生产责任制》,并签订责任书110余份。

  三是结果考核分类化。结果考核分类是安全精准管理的必然要求,中铁大桥局湖杭铁路站前1标该项工作较有特色。**工区考核拉差距**。项目部按月对各工区、各部门进行安全质量责任制考核,考核分为基础考核(如项目部、监理、业主等各级检查)与专项考核(如是否发生安全质量事故、是否获得安全质量表彰等),考核初始分值为100分,最终结果与月度绩效工资挂钩。**网格考核提水平**。考核以监理、项目部等日常安全质量检查问题为重点,工区经理根据考核结果,可调整本工区各网格员的绩效工资系数±20%,网格员间月度绩效工资兑现差距在1000元左右,打破原来的绩效工资大锅饭现象,通过考核让干事者有所得、不作为者有所怵。对于连续三次出现处罚的网格化管理员进行安全总监面对面谈话以及安全教育培训。**班组考核守基础**。按月对班组进行安全质量标准化考核,考核除了各级检查安全质量隐患级别、隐患数量及整改落实情况外,还包括班前讲话开展情况、安全质量标准化落实情况等日常安全质量管控内容。对考核选出的安全质量标准化班组,项目部授予"标准化班组"流动红旗,同时给予人民币2000元现金奖励,年度内荣获次数最多的班组,项目部将优先向公司推荐为优秀协作队伍,此举措激发了协力队伍加强自身安全质量管理的主观能动性。**群安员考核控标准**。每月组织对兼职安全员(群安员)进行安全质量考核,考核涵盖隐患报告情况、日志填写情况等内容,对考核评选出的优秀安全员颁发证书,同时对持有安全员证件的协力队伍优秀安全员给予1500元现金奖励,对未持证的协力队伍优秀安全员给予1000元现金奖励。

(六)吹响"碳达峰、碳中和"的先锋号角,打造绿色生态湖杭

绿色寓意节能减污。如何处理好施工生产和生态环境保护之间的关系,是湖杭人必须回答且要答好的重要问题。湖杭铁路部分线路位于"两山"理念发源地的湖州市境内,秉持"绿水青山就是金山银山"的环保理念,是湖杭铁路建设应有的担当,湖杭铁路积极倡导推动绿色施工生产,吹响"碳达峰、碳中和"时代背景下的先锋号角。

一是坚持项目建设与环境保护同步推进。坚持可持续发展理念,以"绿色长廊"为目标,开展隧道洞口、路基边坡、桥下绿化工程,建设绿色景观带。中铁大桥局湖杭铁路站前1标在场地布置时注重与当地既有环境相结合,施工绿化以场内既有苗木移栽为主,减少对选址处的树木破坏,使建设的栈桥、钢筋数控配送中心、拌和站等与周边树木浑然一体、和谐共生;湖杭铁路富春江特大桥横跨富春江,水下施工时配备专门的运输船将抽取出的泥浆外运避免污染水源。对开挖渣土进行分类处理,符合现场回填标准的渣土进行回填二次充分利用,不符合的渣土通过日常调度与当地政府沟通做好外运工作。项目部配备专门洒水车每日定时对现场进行洒水降尘。中铁十一局湖杭铁路站前3标,将主题党日活动放在了安吉余村进行,在建设过程中始终本着应保尽保的原则,统筹做好生产、生活、生态三大空间布局,在场区临建过程中尽可能保持原生态,全力做好绿植保护和场区内绿化工作,建立水土流失观测点、防尘防噪观测站,扎实做好水土保护和扬尘、噪音防治工作,严格按照污水不处理不外排、不达标不外排的要求做好生产生活污水达标处理排放工作。

二是创新技术工艺材料实现节能降耗。绿色施工生产的含义不仅包含着环保,还包含着节能降耗,节能降耗的实现得益于新工艺、新材料、新技术、新设备的采用。**改进工装降能**。如项目3标在墩身、连续梁混凝土养护过程中,创新和改进2种工装,取得实效。墩身养护工装方面,通过调整爬架系统上升下降速度控制电流正向和反向输出,实现爬架沿墩身高度自动升降,解决传统养护用水无

法覆盖墩身全部区域、用水浪费较大、占用人工等问题,将专人从养护中解放出来。连续梁养护工装自动喷淋,是通过时控开关自动控制水泵,水泵从梁面水桶抽水加压流出喷头后进行雾化,对连续梁腹板、底板内外侧及顶板内侧进行养护的一种养护设备,具有节水创效、成本低、适用性强、养护质量好等优势。**创新技术降能**。中铁四局湖杭铁路项目部在路基、桥梁、隧道的施工建设中注重采用绿色节能施工技术。如桥梁施工中的承台钢筋支撑定位胎架,承台钢筋施工钢筋间距控制是施工的关键环节,但设计无中间架立钢筋,顶板钢筋及侧面钢筋需要使用辅助钢筋,但辅助措施钢筋用量过大,且不可重复利用,导致浪费过大不能满足成本要求。采用新胎架后,能够节约成本约180万,同时减少了施工时间。**使用新材料降能**。杭州西站站房及相关工程获评国家三星级绿色建筑设计标识,绿色建筑三星级认证是中国绿色建筑评估标准中的最高级别。屋顶、墙面保温隔热性能,是影响建筑使用能耗的重要指标。西站站房屋顶外表面采用一种高效反射新材料——辐射制冷膜,能将屋面的热量反射到建筑物外,实现不耗能制冷。数据显示采用辐射制冷膜,可实现整体空调系统综合年节能率35%～45%,电力需求削峰比约60%。此外,湖杭铁路建设全线坚持"标准化开工,第一次做对"的理念,这一理念既是对施工生产的标准要求,更是绿色铁路的本质要求。

(七)以廉提质增效促建,打造青色清廉湖杭

青色寓意清廉,清廉是品质的保证。没有清廉,就不会有好的工程质量,党建引领下的铁路建设,清廉更是应有之义。公司党委紧扣清廉湖杭建设的主线,不仅要做到安全生产的警钟长鸣,而且要做到清廉生产的警钟长鸣,通过共建清廉建设共同体、打造清廉宣教基地、全线深化风险防控三大举措,着力解决项目点多线长、"场所难、统筹难、学习难"等问题,努力实现工程建设中以廉提质、以廉增效、以廉促建。

一是推动清廉共同体建设。如何做好代建模式下的廉政工作,对湖杭铁路有限公司有着一定的考验。作为首条浙江省方主导建设的高速铁路项目,而且项目工期紧任务重,湖杭铁路有限公司党委在浙江省交通集团范围内首创代建模式下的共建共享,清廉旗下,铁军集结,开路架桥。责任分工方面,持续把参建单位纳入清廉共同体建设,制定清廉建设34项责任分工,实行任务领办,形成工作专案。共识凝聚方面,坚持用国铁集团、浙江交通集团、中铁建工集团的三种

多彩湖杭　共建共享——打造高质量高速铁路

文化在项目建设中聚共识、稳人心、促中心。阵地建设方面，公司党委坚持"跳出代建看代建"，多方聚力、优势互补，每周一在湖杭铁路有限公司微信公众号开设纪检专栏，打造全线人员共同学习的平台，通过项目共建、党建共创、廉洁共保、成果共享，联合打造代建模式下央企与省属企业高铁建设"廉洁工程"示范窗口。其中，"形、声、味、态"立体化教育监督体系做法被省级以上媒体多次刊登。

二是打造双向式工地清廉宣教基地。如何让清廉教育下沉项目一线、做好高铁建设项目的廉政工作，是公司必须思考的又一重要问题。公司纪委坚持"全员参与、因地制宜、积极探索、突出特色"的工作原则，将廉洁教育开展到项目一线、员工身边，创建了立足于岗位、贴近于实际、融合于参建各方的高铁建设施工一线的廉洁文化宣教基地。宣教基地位于杭州市余杭区中铁建工集团杭州西站项目指挥部，基地以"弘扬廉洁文化、建设清廉项目"为主线，通过警示教育馆、学廉角、观廉廊、育廉园四个场景，构建了包括廉洁与贪腐、历史与未来、追溯与传承的现场宣教体系，实现党史教育、警示教育、廉洁教育三位一体的核心功能。区别于传统单向灌输教育模式，警示教育馆运用声光电技术，打造沉浸式教育模式，培育廉洁文化学习教育体验新生态。各场景因地制宜、特点鲜明、各有侧重、串点成线，通过实景观摩、场馆解说、互动体验、参观宣暂等方式，将廉洁文化融入项目建设全过程，提升全体员工的清廉意识。湖杭铁路项目警示教育馆开设了鉴史、读案、立心三个专区，其中"以史为鉴　初心不忘"专区，集中展示了党的百年纪律建设史，体现清廉湖杭教育为先的理念。廉洁文化宣教基地的创建，是湖杭铁路项目建设和党建廉建的深度融合，是央企与省属企业联建共创的一次大胆尝试，走出了央企与省属企业联建共创清廉项目的新路径。

三是全线深化"风险防控"。"建好一条铁路，不倒下一个干部"。如何做好项目上的风险防控，让风险不再险，是公司党委必须思考的重要问题。合力抓好联动监督。在日常监督上，开展采购（招标）及选人用人过程监督7次。在疫情防控中，联合业务部门成立防控督导组，盘活力量开展督查29次，发现问题107个，限期整改确保督导常态化。在突出问题专项治理方面，联合审计、计财人员，对照整治内容细化工作举措，新建完善制度2项。在内部联动监督的基础上，指导标段与属地检察院联合开展预防职务犯罪活动，提升监督合力，实现协同保廉。加大风险防控覆盖面。将廉洁风险排查向参建单位延伸，开展廉洁风险再排查、权力流程再明确，补充排查公司及参建单位人员3张清单、19个岗位、110

余人次,编制部门权力运行流程图23个,推进企业定制度、部门定流程、岗位定措施,健全风险防控机制,更新完善监察档案3份,全力推进党风廉政建设。各项目经理部高度重视党风廉政工作,在工作例会、党工委办公会议上多次作出重点强调与要求,以高质量党风廉政建设助推企业高质量发展。如中铁建工杭州西站工程建设指挥部把项目党风廉政建设作为党建工作责任制的重点,定期开展教育和检查,出台《中铁建工杭州西站项目党风廉政建设工作制度(试行)》《指挥部贯彻落实"三重一大"决策制度实施办法》,规范党工委权力行使,在涉及重大问题决策如物业选取、物资采购、招标等方面,做到事权明确、边界清晰、前置规范。党工委组织开展廉洁教育(包括提醒)多次,与分部签订《党风廉政建设责任书》,每月向上级主管单位报送落实党风廉政建设主体责任报告。

(八)积极运用"四新"技术,打造蓝色创新湖杭

蓝色寓意创新,创新是高质量铁路建设不可或缺的元素,解决高铁建设中的一些"卡脖子"技术难题,必须依靠创新来解决。为此,助推创新湖杭、智能湖杭建设是湖杭铁路党建工作的重要内容。湖杭铁路以科技创新为驱动,积极运用新工法、新工艺、新材料、新装备四新技术,其中的自动化小型预制构件厂、智能梁场等智慧工地建设、隧道3D激光扫描技术、隧道衬砌防脱控工艺、隧道防水新材料、隧道特种检测机器人、TSP超前地质预报技术等受到各方关注,科技创新开拓了数字湖杭新内涵,为项目建设提速、工程提质注入新动能。

一是通过智能工厂高效生产工程建设的"细胞"。中铁十二局湖杭铁路站前6标新建线路长39km,工程所需小型预制构件50余万块,数量非常大。共产党员项目经理刘建佳第一时间成立智能化、信息化研究小组,并联合铁科院进行课题攻关,建成湖杭线首家全自动化小型预制构件厂。这间占地约13332m^2的智能化构件厂内,无人驾驶和5G网络进行"联袂",将现代化智能机械设备技术和智慧管理技术集成应用,组成布料—养护—脱模—码垛—模盒回流生产线,利用智慧管理平台实现智能运行、实时监控和预警保障。所有的"线上"硬核设备和流水线作业环节全部由电脑指令和各类感应、信号装置配合完成,生产过程还能通过智慧管理平台进行实时3D看板管理,通过自动化批量生产,日产能提高2.3倍,工期缩短57%,人工数量由45人减少到2人,基本实现无人化。智能化生产线全面避免人为导致质量缺陷,产品尺寸精准、外表光洁美观、钢筋定位准确、混凝土振捣密实。

二是"四新"技术助力隧道工程建设。在隧道技术革新方面,以"四新"技术为标志的质量控制体系,成为全线隧道智能化、标准化施工的重要途径和成果。70后共产党员张朝阳作为中铁十二局湖杭铁路站前6标技术负责人,带领党员职工,编制技术方案,组织现场实施,推进3D断面扫描技术、衬砌脱空浇筑新工艺、隧道防水新材料、隧道特种检测机器人"四新"技术在隧道工程建设的应用。**3D断面扫描技术**。建设者采用3D断面扫描技术,能在2min内完成约60m的开挖数据采集和三维点云图生成,并在全站仪的配合下进行超欠挖区域放样,建立隧道"净空数字化档案"。像烘焙蛋糕一样,把断面情况以"吐司"任意切割状的色彩图呈现到云端数据库。**衬砌脱空浇筑新工艺**。衬砌脱空是长期以来困扰隧道施工的难题,人工观测存在着盲区。多条12m长,带有15个敏感元器件、信号数据以及时空亮灯模块的防脱空装置,以规定间距被均匀粘贴在铺好的土工布上,这些定制的分布式压密传感器将在10kPa持续压力下全程检测浇筑密实程度。监测获得的数据和结果还将通过终端、蓝牙和无线网桥上传至云端,项目管理人员只需打开客户端,就能对隧道二衬整体施工过程进行实时关注和远程监督、自查全程管控。**隧道防水新材料**。传统的防水板施工不仅操作繁琐还伴有易焊透、易脱落、易渗漏等通病风险。作业人员创新使用的自粘式防水板,一方面简化了防排水施工工序,另一方面则取得了易、快、好、省的作业目标,实现了施工效率和劳动强度的一升一降。自粘式防水板自带粘结条,自粘条上细密的"倒刺"能够与土工布紧密粘接,施工仅需铺挂、锤击、搭接三个步骤即可完成。工艺原理相当于把鞋子的绑带换成了魔术贴,牢固的物理连接,使张力和承载力发挥到最大,较好地避免了施工质量通病的发生。**隧道特种检测机器人**。中铁十二局集团自主研发特种检测机器人——"铁航",是国内首套专业化应用于隧道混凝土质量检测的机器人,具有5G高速回传的独立、便捷、精确、快速、稳定等特点。不仅能够实现自主爬壁检测,还具有飞行检测、AI分析、混凝土质量监控等六项核心技术功能,无需借助装载机、检测车,机器人爬行即检测成像出结果,消除了长期占道及人工高空作业等弊端,从而形成对工程质量实时管控和关键指导的重要参照。

三是智能化梁场助力桥梁工程建设。湖杭铁路全线正线桥梁50座长81.8km,占线路长度的59.7%。通过智能化梁场,达到减员增效、提高质量、保障安全等目的。95后女共产党员彭丽雯作为中铁十一局湖杭铁路站前3标二分部总工程师,牵头负责湖杭铁路两个梁场的技术管理工作。2020年2月中旬,她接到了调动到湖杭项目部担任副总工程师的指令,她深知湖杭铁路是杭州亚运会重大配套工程,建设标准要求高,加上疫情影响,工期十分紧张,当时全国疫情形势还比较严峻,她没有任何犹豫,第二天一大早就购买了前往杭州的火车票。她带领技术骨干在项目上积极开展创新工作,建设全国先进的智能化梁场,构建可视化动态模型及智能语音发布系统;同时在电脑端及手机App双重保障下,实现生产管理数据采集、互通、流转,各部门工序的提醒、配合,实现无纸化办公,大大提高施工效率,使管理体系精细化。同时以智能化设备、工装,工艺创新为抓手,在原120人基础上减少40人,施工效率提高至少1.3倍。智能梁场主要由梁场管理数字化和工艺工装智能化组成,通过三维数字化空间模型在智控中心直观动态展示箱梁生产过程,通过智能钢筋加工生产线、自动穿拔设备、模型自动清理喷涂设备、无人化拌和站、混凝土自动振捣台车、自动张拉系统、一体式智能变频压浆台车、智能喷淋养护系统、防水涂料自动喷涂设备、自动静载设备等实现各工序的自动化作业。其中,采用传统方法浇筑一孔梁需5.5小时,采取管道泵送工艺可缩短至4.5小时,工效提高18%,罐车、汽油和驾驶员等费用也由传统的每孔梁0.38万元降低至0.17万元,成本节省约55%。自动张拉系统集成了机械技术、传感技术、计算机网络技术,通过一键式操作实现张拉过程自动化控制,使用智能张拉系统改变了传统的人工控制千斤顶、人工读取油表压力值和尺量千斤顶伸长值来控制张拉力的办法,使得测量省力精准。

(九)实现速度和质量的有机统一,打造紫色品质湖杭

紫色寓意品质。作为杭州第19届亚运会重要配套工程,湖杭铁路的政治意义重大,这就更加要求湖杭铁路必须是一条高质量的铁路。各项目标段通过开展"标准化开工、第一次做对"、QC小组创优、重点工程包保小组等活动,加强全面质量管控,共同打造示范标杆的高铁品质工程。

一是把好源头关,让第一次就做对。湖杭铁路全线秉持"标准化开工,第一次做对"的理念,各项目部多次研讨如何避免施工过程中出现的返工、窝工、浪费等问题,优化施工组织方案。如中铁十二局站前6标进场之初就建立了"标准化开工,第一次做对"领导小组,在管理制度、现场管理、过程控制等方面建立标准化管理体系,以技术标准、管理标准、作业标准和工作流程为主要依据,以机械化、工厂化、专业化、信息化为主要支撑手段,以首件树标准,对首根桩、首个墩、

多彩湖杭　共建共享——打造高质量高速铁路

首片梁、首次爆破、首次衬砌、首段路基填筑等通过工艺试验,优化作业指导书,确定标段作业标准。

各项目部全面推进工程质量管控标准化,完善原材料试验检测体系,对进场施工前的每一批次原材料严格进行性能指标检测试验,从源头上保障工程质量。同时要求各工区、部门提前做好材料进场计划,重点针对钢材及混凝土供应方面,及时保持与钢材以及砂石料供应商进行沟通并派专人跟踪,现场派专人对进场物资进行点收,确保物资材料质量满足现场施工需要。

二是把好过程关,把住现场施工的质量。在现场施工过程中,项目部通过标准化、规范化、程序化管理,严格执行"三检"制度,即自检、互检、交接检,加大检查力度,发现问题,及时解决,牢牢把住施工生产的质量。首先,由各工区技术主管和质检员将各作业工序质量管理要点落实到各工序,规范各道工序的施工操作规程;其次,各工序作业负责人(施工员)和质检员按质量管理要点对工序施工操作人员进行技术交底,严格控制施工;再次,由各作业工序负责人(施工员)和质检员对施工和操作过程及时进行检查,专职质量检查人员对工序工程质量进行严格控制;最后,做好事后质量控制。

三是把好重点关,成立重点工程包保小组。小组成员均由班子成员担任,责任落实到人,保证工程质量。每周由项目经理带队,质量大排查,总工程师、安质部、物机部、工程部对施工过程进行质量检查,安质部对出现质量问题的当事人,根据情节轻重,给予处理,并出具质量检查情况通报,在每周一的周交班会上进行通报,对于在检查中成绩突出、质量优良的当事人,进行奖励,以此提高职工的责任心和积极性。每月末组织管理人员和协作工班负责人召开月度生产会,通报上月计划完成情况及下月生产任务,制定质量安全等各项保障措施,同时对施工生产出现的问题及时商讨解决,与协作队伍面对面沟通。

四是让员工把好关,把工程师负责制和群众性的QC小组活动相结合。中铁五局浙江交工湖杭铁路站前4标开展了QC小组创优活动。项目安质部负责QC质量管理小组的组建、注册、课题选定。安质部将QC小组成员名单及课题名称报公司技术开发部,经技术开发部审核、公司总工审批后,按照要求开展活动。一个课题活动时长不得多于一年,一年内未完成的课题,应重新登记,一年内未开展活动的小组,应重新注册。技术开发部对小组整个活动过程进行监督、验收,并负责向上级主管部门推荐申报资料及申报。

四、主要成效

一是推动了湖杭铁路的高质量建设。湖杭高铁的建设成就正是对其的生动诠释。正是全线参建单位、涉铁单位等始终坚持党的领导，党员干部冲锋在前，才有了3个月内完成6处500kV超高压电力迁改、16个月完成全线33座隧道贯通、20个月完成富春江特大桥合龙、24个月完成杭州西站屋面封顶等湖杭速度，才有了获得国家绿色建筑三星级标识的杭州西站站房及相关工程、基本实现无人化的自动化小型预制构件厂、能够得到大力应用的"四新"技术等湖杭标识，才有了网格化安全管理、安全首件制、"标准化开工、第一次做对"、QC小组创优、重点工程包保等从安全品质上为工程保驾护航的湖杭举措，才有了包含着运用信息化管理手段和BIM技术的数字管理、注重协同和沟通的高效能管理、注重人文关怀的有温度管理的湖杭管理，有力有效推动了湖杭铁路的高质量建设。

二是打造了"多彩湖杭 共建共享"的党建品牌。湖杭铁路项目建设要求标准高，加之受疫情、台风影响，工期紧、任务重，打造了"多彩湖杭 共建共享"党建品牌，构建了党全面领导下的共建共享高铁建设管理体系。湖杭铁路共有20个项目部，共成立了22个党支部。以党建红色动能凝聚了所有参建、涉铁单位最大合力，构建出合同联通、党建联建，检查督导联系的"三联"机制，把工程进度、安全管理、质量标准、绿色生态、数字科技、廉政建设和关爱职工一体化统筹推进，实现了高标准高效率推进项目建设，精心打造一条高质量亚运多彩高铁线。通过组织全线参建单位开展示范点选树创优活动，引领和激发项目全线共同打造了红色党建、银色速度、橙色善治、黄色安全、绿色生态、青色清廉、蓝色创新、紫色品质的"多彩湖杭"，正总结、推广项目建设的先进经验和特色做法。

三是实现了项目建设和党建的双向赋能。湖杭铁路是杭州第19届亚运会重要保障项目，意义重大。一方面通过党建赋能，有力推动项目建设。一些参建单位地理位置上远离总部，党员人数较少，"多彩湖杭 共建共享"党建品牌有效推进了参建单位的党建工作，进而推动了项目建设。如智能化小型预制构件厂被中国铁建评为第一批智慧工地样板示范工程，被中国铁建工会委员会评选为2020年度"工人先锋号"集体荣誉称号，杭州西站站房及相关工程获得国家绿色建筑三星级标识等。与此同时，在有着如此重大建设意义的项目中，项目建设也推动了参建单位、涉铁单位的党建工作。项目建设的高标准要求基层党组织更要发挥基层堡垒战斗作用、基层党员更要起先锋模范带头作用,涌现出了一大批"红旗支部""先进集体"等先进基层党组织,湖杭铁路有限公司工程部经理夏海宾、中铁十一局湖杭铁路站前3标彭丽雯等优秀共产党员。

四是形成了"多彩湖杭 共建共享"的党建文化。 2019年8月,湖杭铁路有限公司成立,9月湖杭铁路开工建设,历经26个月栉风沐雨,砥砺前行,如今湖杭铁路高质量的全面建设,正是湖杭铁路所有参建、涉铁单位牢记使命,同责担当的结果,是全线湖杭人勠力同心、奋勇拼搏的结果,是"多彩湖杭 共建共享"党建文化成风化人、凝心聚力的结果。当前,湖杭铁路已建成并正式投运,湖杭铁路全线形成了"多彩湖杭 共建共享"的共识,充分发挥党建文化的凝聚导向作用,不断提升党员职工队伍的凝聚力和湖杭铁路软实力,切实为项目高质量运营提供坚实支撑。

山因势而变,水因时而变,"多彩湖杭 共建共享"永远在路上,无论是之前建设阶段,还是如今建成通车运营阶段,"多彩湖杭 共建共享"一以贯之,并且伴随着岁月沉淀,不断丰富品牌内涵和表达空间。每一位湖杭人都将把"多彩湖杭 共建共享"记于心、见于行,并作为心怀使命的自觉追求,以不断开拓的热忱与激情,以铁军的韧劲与干劲,脚踏实地、身体力行,我们坚信:"多彩湖杭 共建共享"必将葱茏长青!

建设施工篇

关于如何进一步完善新建高速铁路项目征地拆迁包干模式确保建设顺利实施相关问题的探讨

湖杭铁路有限公司 李银华

摘 要 高速铁路作为一种高速、便捷、安全、环保的交通方式,已成为我国经济快速发展的重要支撑。然而,工程建设中的征地拆迁问题一直是影响建设进度的重要问题。目前,我国高速铁路征地拆迁的主要模式是包干模式,本文以浙江省铁路建设为例,分析了征地拆迁包干模式现状和存在的主要问题,提出了相应的对策和建议,对铁路项目建设征地拆迁工作具有一定借鉴意义。

关键词 高速铁路工程 征地拆迁 包干模式

2017年,原中国铁路总公司(以下简称国铁总公司)发布《中国铁路总公司关于进一步加强铁路建设项目征地拆迁工作和费用管理的指导意见》(铁总计统〔2017〕177号),该文件核心要求是国铁总公司控股的新开工合资铁路建设项目的征地拆迁工作由地方政府包干实施,地方政府承担的征地拆迁费用以可行性研究报告批复费用为限享受股份权益,并明确项目建设单位以初步设计批复征地拆迁费用为基础,与地方政府签订征地拆迁实施协议。

浙江省2017年以后开工的甬金、杭绍台、杭温、湖杭、杭衢、金建、衢丽等铁路,均以初步设计批复征地拆迁费用为基础,采用项目公司与县(市、区)政府签订包干协议的方式实施"征地拆迁包干"。本文梳理了新建铁路征地拆迁地方政府包干模式下突显的问题,旨在为后续项目建设提供可借鉴的经验。

1 征地拆迁包干模式现状

1.1 组织体系

铁路征地拆迁工作实施管理体系基本是沿用铁路建设方、地方政府两条线。建设方组织体系包括建设单位、设计单位、监理单位、施工单位。地方政府组织体系作为铁路项目管理方或征地拆迁主体,一般包括省、市级成立的铁路项目建设协调机构、县(区)级人民政府征地拆迁机构、乡(镇、街道)人民政府征地拆迁机构。

1.2 进度管理

铁路建设项目的进度管理是以施工组织设计中的进度管理为主线,征地拆迁工作一直以服务建设推进为宗旨,未建立独立的进度管理理论体系,往往是在过程中"遇到问题、解决问题"。地方政府作为法定的征地拆迁工作主体,其管理方式更多的是行政管理,其组织体系对进度管理概念特别是按施工组织计划要求的进度管理概念体会不足。

1.3 投资管理

1.3.1 建设单位征地拆迁的投资控制管理

征地拆迁包干模式下,建设单位投资管理主要是在项目可行性研究及初步设计阶段,项目公司组织设计单位、地方政府对全线所有涉及征地拆迁、道路、管线、"三电"(通信、信号、电力)迁改等数量进行调查,形成征地拆迁数量的基础成果,设计单位按相关政策补偿标准进行单价测算后确定征地拆迁总投资。

建设单位的投资控制就是在征地拆迁包干框架协议明确地方政府承担范围和内容前提下,以初步设计批复征地拆迁费用为基础,主要是从量、价、规税费(管理费用)三方面进行总体控制,这一组价控制原则是沿用原初步设计—调整概算—清理概算的征地拆迁费用据实处理原则,两者的区别主要在于地方政府包干时建设单位在可行性研究和初步设计阶段就将征地拆迁总投资相对固定。

1.3.2 地方政府包干的成本控制

征地拆迁工作政策性强且涉及被征收人的切身利益,目前地方政府在实施征地拆迁过程中的补偿标准及范围基本都已规范化、程序化,补偿标准均是经过论证符合属地经济发展并已公开发布的。

2 政府征地拆迁包干实施推进工作存在的主要问题及原因分析

2.1 组织行为管理问题

2.1.1 组织体系不健全

征地拆迁工作包干的核心是将征地拆迁主体责任由建设单位向地方政府转移,组织体系的构建总原则应当是:强化建设项目总成本控制,加大日常协调推进管理力度,强化地方政府征地拆迁过程成本控制与推进管理力度,全方位体现主体职能与责任。

地方政府实施征地拆迁参照原征地拆迁模式,各地方政府设立铁路建设办公室(简称铁办、铁指)等机构来实施包干模式下的铁路征地拆迁工作,面对涉及征地、拆迁、迁改、工程等方面的工作需要有计划组织性强、懂技术、精通财务等多方面能力的专业管理团队,涉及征地拆迁日常各专业工作时需协调政府其他专业部门实施,增加了协调难度和协调时间。

2.1.2 铁路部门、地方政府双方组织体系沟通不顺畅

铁路建设单位与地方政府组织体系没有隶属关系,征地拆迁的大量工作均是由两个体系基层组织完成,实施双方均属于特殊的组织管理机构。临时建立的组织体系的约束力均不足以支持大体量的沟通协调工作,沟通不畅往往会直接影响工作推进。

2.2 进度管理问题

进度管理问题主要是需求与供给不匹配,铁路因其线性特性导致建设的过程中跨越空间大,同时为应对特殊地质地貌会产生大量的特殊建、构筑物,在整个施工过程中按照施工组织要求会对用地有时序的要求。地方政府在实施过程中结合征地拆迁的难易程度、社会稳定等因素,基本是以"发现问题—解决问题"的方式推进工作,可能会在关键工程中出现需要比较长的时间去解决征地拆迁问题,从而导致项目征地拆迁进度管理的不可控性。

2.3 投资控制问题

2.3.1 征地拆迁投资概(预)算与实施阶段存在较大差异

征地拆迁概(预)算与实施阶段存在较大差异的问题,也是征地拆迁工作中一大不利因素。

首先,在可行性研究阶段对征地拆迁数量的调查不够深入细致,施工图阶段也存在征地拆迁数量调整的可能,实施阶段征地拆迁数量上有变化更不可避免,尤其在涉及三电迁改和三改工程时设计单位给出的"迁改"方案并不能广泛地征求相关产权单位(使用单位)和地方政府的意见。其次,设计单位在编制概(预)算时,往往是按原国铁总公司的概(预)算编制原则,对地方政府制定的征地拆迁政策,并不完全认可,且相关取费标准低于属地实施标准。再次,由于铁路项目建设周期比较长,且征地拆迁工作贯穿整个铁路建设过程,土地、房产等固定资产价格随着时间会产生较大变动,而征地拆迁补偿费用又受资产价格波动影响较大,所以在实施过程中征地拆迁补偿的标准或费用也在不断变化。最后,由于传统铁路设计时,往往区分站前、站后工程,站后工程的设计深度不够,很容易引起设计变更,导致征地拆迁费用突破原概(预)算。

2.3.2 过程资金使用监管问题

地方政府在征地拆迁实施过程中对"包干"的理解为全权由地方政府负责,对于资金的使用,建设单位只需按照征地拆迁工作进度拨付征迁资金即可,不需建设单位在征地拆迁过程进行资金监管。对于包干模式下建设单位对实施阶段的资金使用情况是否需要沿用原"审价—验工计价"模式,铁路部门、地方政府双方认识尚不统一。

3 对策与建议

3.1 建立稳定高效的工作组织与沟通机制

在征地拆迁工作中建设单位主要工作是按照施工组织进度提出用地计划需求,并对现场反馈的征地拆迁问题及时提交地方政府给予协调解决,并建立多层次联动机制及时解决征地拆迁过程中重难点问题。

首先,在过程中应当建立不同层次的定期联席协调例会制度,建设单位将根据施工组织和施工过程中存在的问题进行分类梳理,及时提交相关层次联席协调例会进行协调审议,地方政府则可以按照问题种类提交相关部门给予解决和督办,联席例会的内容也可形成纪要等作为项目推进过程中的实施痕迹保留下来以增强征地拆迁工作的可追溯性。

其次,应由固定人员负责征地拆迁工作的推进。因铁路建设项目周期长,征地拆迁工作相对细致烦琐,固定的工作人员一方面有利于协调工作的开展,另一方对于征地拆迁过程中处理的特殊事项,经办人员完整见证整个决策过程,对于政策性、延续性很强的征地拆迁工作起到重要作用。

3.2　完善施工组织指导下的征地拆迁工作理论体系

通过总结分析铁路项目征地拆迁工作,一直以"发现问题、解决问题"为基本原则而缺少工作的前瞻性。在日臻完善的铁路建设施工组织管理体系中,将征地拆迁工作纳入施工组织管理体系中,在整个施工组织中应当细化出征地拆迁工作专篇,用以指导整个征地拆迁工作的开展。

在征地拆迁施工组织专篇中,首先要按照建设施工组织的要求将征地拆迁工作排出计划,尤其是交地的时序,要在深入调查现场征地拆迁问题的基础上结合施工工点的工艺、工期要求提出一整套可操作的施工组织计划,该计划一方面要充分考虑施工进场要求,同时必须结合征地拆迁现场工作的特点区分难易程度,做到在计划阶段就要使征地拆迁进度与施工组织建设进度相匹配,同步把征地拆迁进度纳入整个建设施工组织管理活动中。

其次,参照建设管理PDCA(计划、执行、检查、处理)模式,对于征地拆迁施工组织要配合现场施工进展情况进行动态管理,过程中不断与施工进度需求进行比对,针对征地拆迁进度滞后的情况及时加大工作力度推进或做好施工组织方案优化,对于提前完成的工点用地则将信息反馈至施工管理部门协调施工进场,促使征地拆迁工作与施工管理工作在整个建设过程中形成动态调整互补的良性循环。

3.3　深化征地拆迁概(预)算工作,加强过程资金监管

目前,铁路的征地拆迁概(预)算工作程序沿用是基于原"据实结算"模式开展的,因为"据实结算"模式存在"调概、清概"的程序导致在预算编制及审批过程中的标准依据与实际补偿存在差异,该差异将直接导致征地拆迁费用不足而影

响征地拆迁工作(投资控制)的开展。

征地拆迁工作责任主体是县(市、区)级人民政府,相关补偿标准也是属地政府以正式文件形式进行公布,征地拆迁概(预)算应当充分考虑沿线属地政府的征地拆迁补偿标准,同时区分不同经济发展程度的地域,考虑把当地固定资产增值(贬值)速度纳入概(预)算测算标准体系。

对于征地拆迁的数量确认,应当在铁路线位选线稳定以后,建设单位组织设计、地方政府等相关单位对全线数量进行详细的调查确认工作,工作成果由设计单位作为概(预)算的工作量基础。

征地拆迁过程中会出现一定的不可预见因素,在签订包干协议时考虑增加部分不可预见费,用以解决不能在概(预)算阶段预测但又会发生的特殊费用。

3.4 基本建设程序中涉及征地拆迁工作前移

铁路建设属于公益性项目,有利于国民经济的发展,自然资源部对大型公益性建设项目用地给予一定的政策优惠,但建设用地必须经过报批的程序已经成为建设项目的必要前置条件。为尽量避免违法用地的风险,在铁路建设中应当充分利用国家的土地优惠政策,积极完成土地报批工作。

针对大型基础设施建设用地原国土资源部以"先行用地审批"的方式支持项目控制性工程先期开工建设,区别于正式土地报批程序,先行用地的审批程序相对简单,既能保证项目尽早开工又不存在违法用地问题,建设单位在施工组织指导下要深挖控制性工程的工期要求,按照先行用地程序和用地规定,尽可能将影响项目建设总工期的工点用地列入先行用地进行审批。

设计线路走向方案确定后,在初步设计批复前,根据沿线地形地貌、地质状况,对路基、桥梁、隧道进出口等用地进行现场全面调查,明确用地量。初步设计阶段施工用地图深度要达到一次性用地报批的条件,确保建设用地组卷报批按照规范和时间要求取得批复,避免违法用地的发生。尽可能或避免频繁设计变更造成大量补征用地无法报批和违法用地存在的风险,真正做到铁路建设"集约、节约、精准"用地,确保建设用地依法合规。

4 结束语

总之,征地拆迁工作是一项政策性强,涉及面广,繁杂而又艰巨的工作,特别

是新形势下铁路建设管理模式不断创新,也给征地拆迁工作带来新的课题和挑战。在征地拆迁各项工作中,如何保障施工建设无障碍施工,如何确保建设用地依法合规,是我们当前乃至今后须不断加强、完善和提高的努力方向。

参 考 文 献

[1] 中华人民共和国国务院办公厅.国有土地上房屋征收与补偿条例:中华人民共和国国务院令第590号[Z/OL].(2011-01-21)[2022-10-29].https://www.gov.cn/zwgk/2011-01/21/content_1790111.htm.

[2] 中华人民共和国国务院办公厅.关于印发《中长期铁路网规划》的通知:发改基础[2016]1536号[Z/OL].(2011-01-21)[2022-10-29].https://www.gov.cn/xinwen/2016-07/20/content_5093165.htm?eqid=a63aaac30000242d000000026458ae71.

浅谈高速铁路站房大跨度钢结构健康监测系统的建立与应用

湖杭铁路有限公司　孙国庆

摘　要　杭州西站站房属于特大型旅客车站，结构健康监测是掌握车站结构状态、保证结构安全的有效手段之一。杭州西站结构监测对象包括结构整体、构件、荷载与环境三类。为实现杭州西站结构监测，本文提出了一种施工期与运营期相结合的结构健康监测系统设计方案。同时，针对杭州西站结构监测对象，提出了监测安全评估等级和行为响应，并设定了评估阈值，以实现通过结构实际状态下的指标绝对值对结构进行安全评估和预警。

关键词　健康监测　系统设计　结构状态评估　评估阈值

1　工程概况

杭州西站属于特大型铁路旅客车站，站场总规模 11 台 20 线。其中杭临绩场规模 5 台 9 线，湖杭场规模 6 台 11 线。站房采用线正上式候车模式，主体南北方向长约 302m，东西方向长约 230m，站房主体地面 6 层（局部 8 层），地下 2 层，雨棚上盖开发主体 4 层。杭州西站坐北朝南，高架候车室位于站场正上方，东西两侧布置了雨棚上盖综合体，"云谷"东西向贯穿站房，南侧布置"云门"。杭州西站工程范围如图 1 所示。

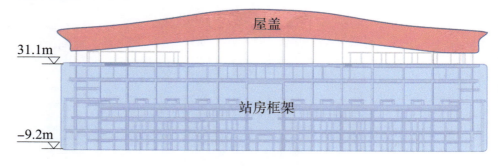

图 1　杭州西站工程范围示意图

站房钢屋盖采用桁网结合的结构体系。屋盖顺轨方向总长约245m,中间最大跨度78m,典型跨度38m、19m;垂轨方向总长约325m,中间最大跨度72m,典型跨度22m、23.5m。屋盖主体结构采光顶区域采用正交双向平面桁架,有吊顶区域采用斜放四角锥网架,采光顶桁架延伸至支承柱头,形成网架内"暗桁架"连接。站房屋盖结构体系如图2所示。

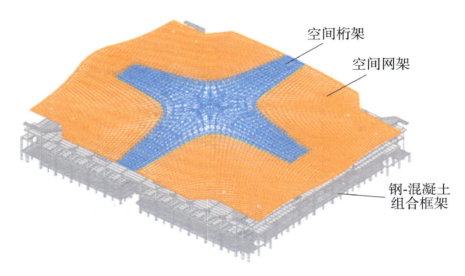

图2 杭州西站钢屋盖结构布置图

杭州西站站房钢屋盖跨度大,形式复杂。南北结构单元长度达到325m,属于超限大跨屋盖建筑。在项目钢结构施工时,综合采用分块和整体提升等多种施工方案,整个施工过程包括旋转提升、嵌补杆件、整体提升、卸载等多个过程,施工阶段结构受力较为复杂,安全状态较难把握。

结构健康监测是采用传感器实时地获取与结构健康状况相关信息的一种手段,对站房钢屋盖结构进行施工期和运营期的结构健康监测,有利于实时掌握结构受力状态,保证结构安全。

2 监测对象和指标

根据《杭州西站站房及相关工程修改施工图设计 站房施工和运营阶段监测(站房监测图纸)》和监测要求,本项目监测对象包括结构整体、构件、荷载与环境三类,本项目监测对象和指标对应关系见表1。

监测对象和指标对应关系　　　　　　　　　　表1

监测对象		监测指标		传感器类别	传感器数量
类别	名称	类别	名称		
结构整体	屋盖		挠度	倾角计	64
			支座不均匀沉降	静力水准仪	12
			振动加速度	加速度传感器	5
构件	上弦杆	内力和应力	构件应力比 截面轴力 截面弯矩	应变计	502
	下弦杆				
	腹杆				
	拱				
	拉杆				
	支撑				
	柱		倾斜度	倾角计	20
荷载与环境	温度		温差	温度计	6
			合龙温度	温度计	6
	风		风速、风向	风速风向仪	6
			风压	风压计	12

2.1 结构整体监测对象和指标

本项目结构整体监测对象包括站房屋盖和云谷拱两部分。结构整体监测指标包括屋盖挠度、屋盖支座不均匀沉降、屋面和云谷拱振动加速度。

(1)屋盖挠度:屋盖挠度采用倾角计监测。本项目选取屋盖上的10处结构组件,监测各组件处的挠度。

(2)屋盖支座不均匀沉降:屋盖支座不均匀沉降采用静力水准仪监测。本项目在屋盖A、B区域上分别布置1个静力水准系统,每个静力水准系统布置6个静力水准仪。

(3)屋面和云谷拱的振动加速度:采用加速度传感器监测屋盖的振动加速度。其中,屋盖布置5处加速度测点,各测点处布置竖向加速度传感器。

屋面结构整体监测对象和测点如图3所示。

2.2 构件

(1)构件内力和应力:本项目根据上述原则和设计资料选取屋盖的关键构

件。屋盖圆管构件,每根构件选取1个截面,布置2支应变计;屋盖矩形管构件,每根构件选取1个截面,布置4支应变计。屋盖应力监测对象如图4~图10所示。

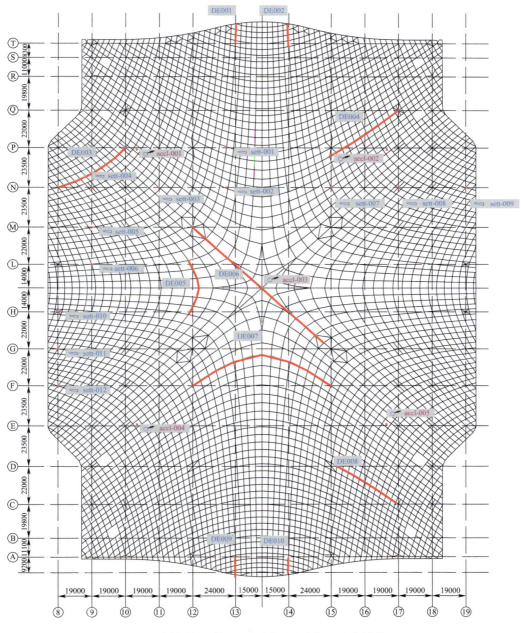

图3 屋盖结构整体监测对象和测点(尺寸单位:mm)

(2)柱顶水平位移:采用倾角计监测屋盖支撑柱的柱顶水平位移,每根钢柱布置2支双向倾角计。屋盖钢柱监测对象分布如图11所示。

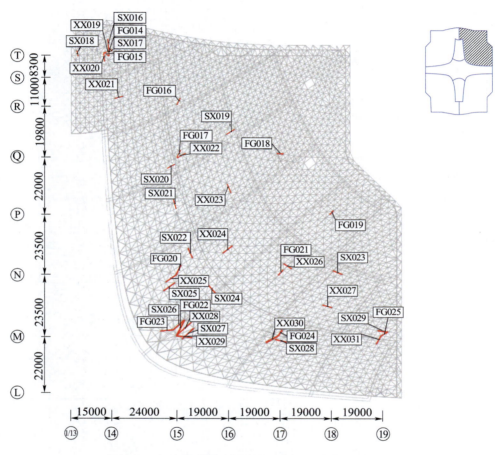

图 4　A1 区构件应力监测对象(尺寸单位:mm)

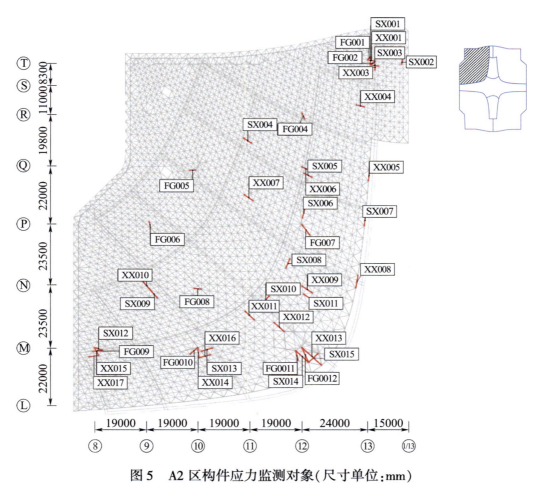

图5　A2区构件应力监测对象(尺寸单位:mm)

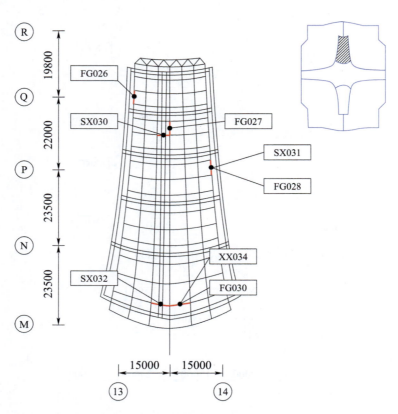

图 6　A7 区构件应力监测对象(尺寸单位:mm)

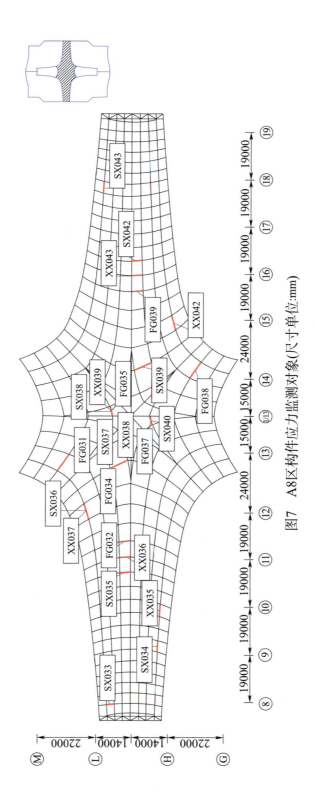

图7 A8区构件应力监测对象(尺寸单位:mm)

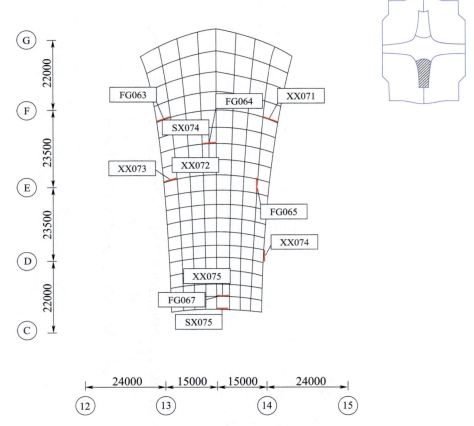

图 8　B1 区构件应力监测对象(尺寸单位:mm)

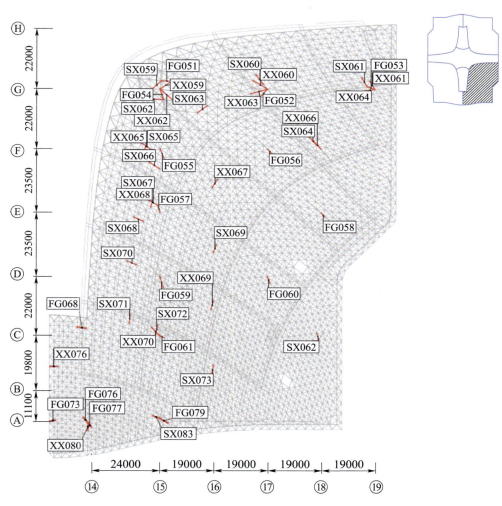

图 9　B2 区构件应力监测对象(尺寸单位:mm)

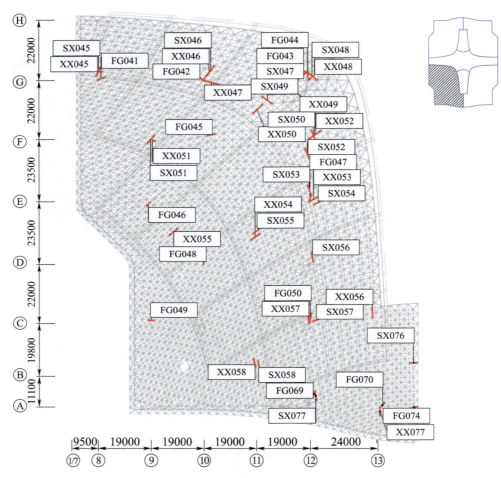

图 10　B3 区 构件应力监测对象(尺寸单位:mm)

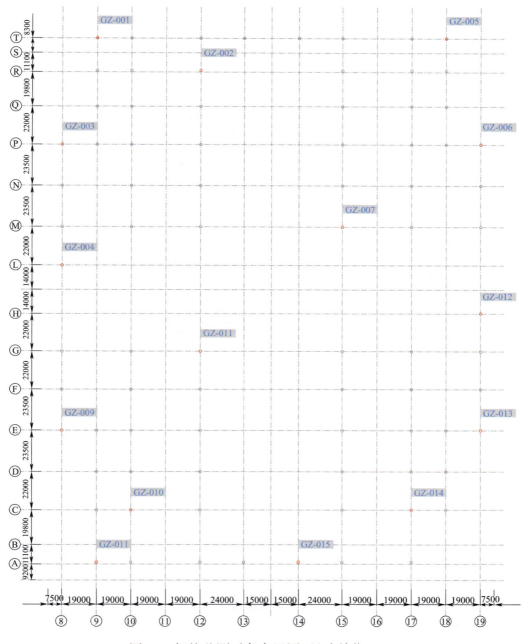

图 11 钢柱监测对象布置图(尺寸单位:mm)

2.3 荷载与环境

本项目荷载与环境监测对象包括温度和风荷载。温度指标包括施工阶段合龙位置的合龙温度、运营阶段屋盖内外温差;风荷载指标包括风速和风向、屋盖表面风压。荷载和环境测点分布如图12所示。

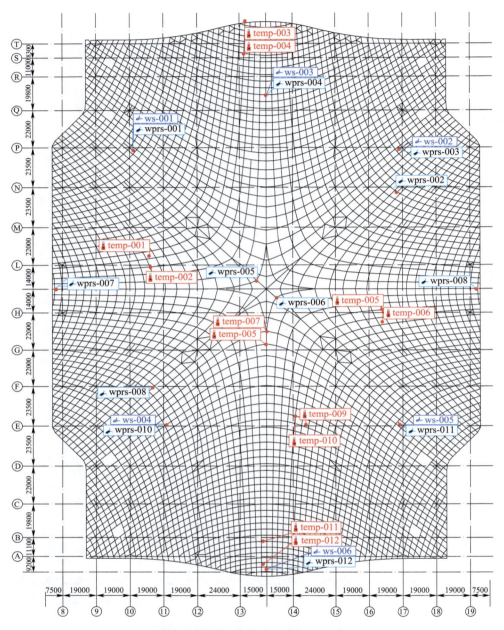

图 12　荷载与环境测点分布（尺寸单位：mm）

建设施工篇

3 监测系统设计

3.1 系统功能

本项目监测系统功能包括：系统软、硬件分离，可兼容不同厂家的监测硬件；数据采集，采样频次不低于1Hz；信息传输；结构指标在线评估；评估和预警延时不超过20s；施工阶段提供智慧工地平台接口，运营阶段提供管控平台接口。

3.2 系统框架设计

本项目监测系统由硬件和软件组成，监测系统框架如图13所示。其中，系统软件主要实现监测指标在线计算、在线评估、同步预警、实时查看性能指标、实时掌握结构状态、自动触发预警信息等功能。系统硬件包括传感器、采集单元、采集箱、路由器、交换机和服务器。系统硬件框架如图14所示。

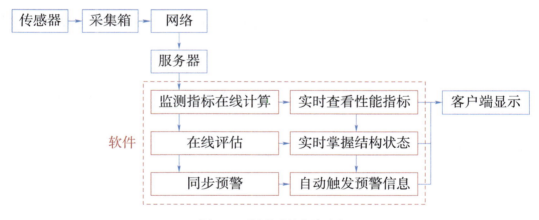

图13 监测系统框架图

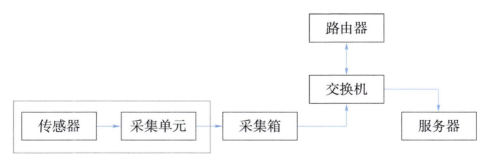

图14 系统硬件框架图

43

4 结构状态评估及预警

4.1 监测初值

采用结构实际状态下指标的绝对值对结构进行评估和预警。结构指标的绝对值为监测初值和监测增量的和。传感器直接测得的物理量为传感器开始工作至读数时的监测指标增量。

监测初值指传感器开始工作时监测物理量或监测指标的取值。本项目初值的确定方法如下。

(1)挠度初值:倾角计安装前,采用全站仪测量监测对象各监测点的挠度值即为挠度初值。倾角计在监测开始前清零。

(2)相对沉降初值:在静力水准仪安装前,采用水准仪或全站仪测量各沉降监测点的相对高差作为相对沉降初值。

(3)应力初值:应变计安装时,当前施工阶段,以传感器所在位置施工过程模拟计算值作为应力监测初值。

(4)温度、风速、风向初值:这些传感器输出绝对物理量,初值均为零。

(5)风压初值:风压计在清零前先使用保护罩遮蔽使其不受风荷载,清零后撤去保护罩。

(6)加速度初值:屋面在自然激励下清零。

4.2 监测频次

本项目所有监测指标的监测频次均不低于1Hz。

4.3 评估等级和响应

评估等级对应的结构施工过程和运营阶段行为响应见表2。当发生各级预警时,触发对应的行为响应。

评估等级和响应　　　　　　　　　　　　　　　　　　　　　　表2

评估等级	描述	行为响应	
		施工阶段	运营阶段
一级	非常安全	继续施工	正常使用
二级	安全	可继续施工,须关注重点指标的变化趋势	可正常使用,须关注重点指标的变化状态
三级	重点关注	谨慎施工,宜进行当前阶段结构状态评估,通知潜在危险性,检查临时加固措施的完整性	限制使用,降低结构负载,通知使用人员潜在危险点位置,准备临时加固措施
四级	紧急	通知作业人员撤离,立即采取临时加固措施	停止使用,通知使用人员撤离,立即采取临时加固措施

4.4 评估阈值

本项目根据现行行业标准《建筑工程施工过程结构分析与监测技术规范》（JGJ/T 302—2013）第4、5、9条规定,设定评估阈值。本项目各类监测指标评估阈值见表3。

评估阈值　　　　　　　　　　　　　　　　　　　　　　　　表3

指标	单位	一级	二级	三级	四级
结构挠度	mm	$(0, 0.5 \times L/250]$	$(0.5 \times L/250, 0.7 \times L/250]$	$(0.7 \times L/250, 0.9 \times L/250]$	$(0.9 \times L/250, L/250]$
不均匀沉降	mm	$(0, 0.5 \times 0.002l]$	$(0.5 \times 0.002l, 0.7 \times 0.002l]$	$(0.7 \times 0.002l, 0.9 \times 0.002l]$	$(0.9 \times 0.002l, 0.002l]$
构件应力比	—	$(0, 0.5]$	$(0.5, 0.7]$	$(0.7, 0.9]$	$(0.9, 1]$
柱顶水平位移	mm	$(0, 0.5 \times H/150]$	$(0.5 \times H/150, 0.7 \times H/150]$	$(0.7 \times H/150, 0.9 \times H/150]$	$(0.9 \times H/150, H/150]$
风速	m/s	$(0, 20]$	$(20, 25]$	$(25, 30]$	$(30, 60]$
风压	kPa	$(0, 0.5 \times P_w]$	$(0.5 \times P_w, 0.7 \times P_w]$	$(0.7 \times P_w, 0.9 \times P_w]$	$(0.9 \times P_w, P_w]$

注:L-结构跨度;l-相邻柱间距;H-柱高;P_w-测点处设计风压。

5　结束语

为了实时掌握杭州西站屋盖施工期间的结构状态,针对屋盖和云谷拱结构特点,研究并设计了一套基于监测数据的杭州西站屋盖的健康监测评价系统,形成主要结论如下。

在屋盖钢结构施工和运营过程中,需监测结构的关键指标,才能有效对结构受力状态进行评估,对危险状态进行预警并提供行为响应建议。其中,结构整体监测指标包括:屋盖挠度、支座不均匀沉降、振动加速度。在构件层面上主要监测关键构件的应力和内力、柱的倾斜等,同时考虑温度、风的环境监测。

提出了一种施工期与运营期相结合的结构健康监测系统设计方案,包括系统硬件、软件。同时,在施工期间架设云服务器节点,采集箱与云服务器系统通信并入智慧工地平台,在运营阶段,将采集箱通信改造,数据库移植,并入内网管控平台。

本系统采用实际状态下的结构指标绝对值对结构进行安全评估和预警。结构指标的绝对值为监测初值和监测增量的和。结合本项目特点,提出挠度、相对沉降、应力、温度、风速、风向、风压等监测初值的确定方法,根据相关规范标准,提出结构预警阈值和安全评估等级及响应,以保障结构运营安全。

参 考 文 献

[1] 陈国权,曹晗,安海强,等.高速铁路站台钢结构雨棚防腐涂装质量安全治理[J].安徽建筑,2021,28(6):123-125.
[2] 贾培基.高速铁路雨棚结构大振幅问题研究[D].石家庄:石家庄铁道大学,2020.

土地新政下高速铁路建设临时用地选址及复耕研讨

湖杭铁路有限公司　王　炜

摘　要　由于特定的服务半径和施工条件的限制,高速铁路建设所需的临时用地选址,如制梁场和拌和站,不可避免地会占用耕地。由于同时存在制梁场和拌和站等临时用地,因此需要进行桩基施工以应对重荷载,并采用强硬质的使用方式,这给复垦技术带来了巨大的挑战,复垦效果不理想,难以达到种植要求。本文以湖杭铁路建设为例,对该项目建设过程中对耕地造成的破坏进行分析,同时提出复垦方案和建议,对高铁建设临时用地选址及复耕具有一定借鉴意义。

关键词　高速铁路　临时用地　永临结合　土地复垦

为了推动浙江省内区域经济的发展,高速铁路的建设必不可少,这将有助于构建省域一小时交通圈。为减少征地对沿线土地资源带来的影响,必须采取综合措施进行整治。高速铁路的兴建必然会导致一定数量的土地资源被占用甚至破坏,这是不可避免的,建设单位必须对临时用地进行合理规划和科学利用,以实现最大限度保护耕地、提高土地生产力和保障粮食安全的目标。2021 年 11 月,自然资源部办公厅印发了《关于规范临时用地管理的通知》(自然资规〔2021〕2 号),该通知规定线性工程的制梁场、拌和站的临时用地选址不得占用永久基本农田。针对高速铁路临时用地的选址和复垦,现行的《关于规范临时用地管理的通知》提出了更高的要求,因此,研究高速铁路建设临时用地的选址与复垦具有十分重要的意义。

1　高速铁路建设临时用地分类及对耕地造成的破坏分析

1.1　高速铁路建设临时用地类型

高速铁路建设临时用地主要分为大临用地和小临用地两大类。大临用地主要有制梁场(主要用于制梁和存梁),占地面积在 99990～133320m² 左右;大型混凝土拌和站,占地面积在 33330～53328m² 左右。小临用地主要有施工作业场、施工器材堆放及施工机具停放场、预制构件制作场等。这些用地在工程建设中必不可少,但在高速铁路建成后将不再继续利用,因此,纳入临时用地范畴。现行土地管理政策要求制梁场和大型拌和站临时用地不得占用永久基本农田,占用农用地作为临时用地的,使用结束后需进行复垦。这对高速铁路建设临时用地选址提出了更高的要求,设计单位在做前期调查时,就应该将大临用地的选址和地方土地利用规划结合起来考虑,争取做到永临结合,把临时用地后续带来的影响降至最低。

1.2 临时用地土地破坏类型

湖杭铁路连接湖州市和杭州市,贯穿南太湖、吴兴、德清、余杭、西湖、富阳、桐庐 7 个地区,全长 137km。高速铁路由于受线路走向的限制,沿线地形起伏大,既有基础条件恶劣,因此,在该地区建设桥梁时,必须对场地进行平整。为满足高铁建设及永久性设施建设的需要,临时用地主要集中在 137.8km 主线两侧、杭州西及富阳西站周边,造成了对既有土地的挖占与侵占等破坏。挖掘受损区域以取土场为主,而土地被挤压的区域则以弃土(弃渣)场、制梁场、拌和站、钢筋加工厂以及施工便道等为主。

1.2.1 取土场对土地的破坏(挖损区域)

随着我国铁路事业的发展,铁路工程建设项目逐渐增多,取土场随之增多。通常情况下,取土场的分布方式可分为沿程取土和线外集中取土两种。其中,线路两侧及邻近地区的铁路边坡等地段均可采用挖方方式施工。由于采用挖方取土进行路基填方的方式,导致局部土地遭受了大规模的机械开挖和岩土层翻动,从而引起了原有土体的自然结构完全改变,进而对土壤植被系统造成了毁灭性的破坏。如果不及时进行复垦治理,土地将在相当长的时间内失去其利用价值。

1.2.2 制梁场、拌和站等对土地的破坏(压占区域)

为了满足高速铁路建设对桥梁预制梁板的需求,制梁场被规划为一种规模较大的临时用地,其平均占地面积超过 99990m²。随着铁路建设的快速发展以及高铁线路运营时间的不断增长,越来越多的客运专线将采用现浇混凝土梁作为轨道基础,因此,如何合理布设制梁场显得尤为重要。为了确定制梁场的选址,必须考虑标段内桥梁和周围结构物的分布情况,以确保选址的合理性和准确性。因此,制梁场布局与整个铁路沿线区域路网有着密切的联系。存梁区填充25cm碎石垫层、每块梁有2个台座、每座有2根桩基础。整个制梁场由预制场地、拌和车间、成品运输道路及相关辅助工程构成。拌和站作为高速铁路建设中混凝土加工的主要场所,需要对地表进行硬质化处理,而拌和机和料斗的位置则需要进行桩基施工。为了保证施工安全,需对拌和机与料仓之间设置临时支撑结构来满足其稳定性要求,同时还需预留出足够的空间用于放置预制设备,以提高场地利用率。余杭区内的湖杭高铁项目共设有4个混凝土拌和站,总占地面积约为133320m^2。每个拌和楼区域均铺设了4根桩基础,下层填充了25cm的碎石垫层,而其他区域则全部采用了25cm的混凝土硬化地面。该工程项目所有建筑均由当地企业承建。钢筋加工工厂的主要职责在于对钢筋进行捆绑、组合等操作,以实现对地表进行硬质化的目标。在整个工程施工期间,由于施工人员频繁进出施工现场,导致部分场地出现拥挤现象,影响正常生产活动。采用碎石垫层铺设、混凝土硬化和桩基础设置等工程措施,临时用地区域内的土地遭受了严重的压占破坏,导致土地生产力基本丧失。

2　临时用地破坏土地的预防控制措施及复垦方案的研究

2.1　预防控制措施

在高铁施工过程中,临时用地尤其是制梁场、拌和站等大临用地对耕地造成了较大的破坏,所以自然资源部门在对大临用地审批时都要求编制相应的临时用地复垦方案,并提交一定数量的复垦保证金。但即便如此,很多施工单位因复垦费用大、复垦标准高等原因,无法按复垦方案进行复垦。因此,应从源头入手,在项目勘察前期就应把临时用地选址方案和地方土地利用总体规划相结合,尽可能把临时用地选址在既有的建设用地、农村宅基地(房屋拆除后),或者在规划上今后是建设用地的农用地上,把对土地的破坏影响降至最小。

2.2　复垦方案的研究

根据自然资源部《关于规范临时用地管理的通知》(自然资规〔2021〕2号),

要求在建设项目施工和地质勘察中,对于临时用地的使用,必须严格遵循"用多少、批多少、占多少、恢复多少"的原则,以最大限度地减少或避免占用耕地。对于需要进行土地复垦的临时用地,必须严格限制对耕地的占用,以确保土地的可持续性利用。新建项目开工前,必须严格落实规划审批手续,禁止在已取得土地利用总体规划确定为城镇发展新区或工业园区内从事临时占地活动。在进行铁路、公路等独立选址建设项目时,必须以科学的方式组织施工,以实现对临时用地的节约和集约利用。对已建成运营多年或长期闲置的项目,经批准可采用其他方法进行修复。对于难以恢复原有种植条件的制梁场、拌和站等场所,暂时使用耕地和永久基本农田是不被允许的,而可以采用建设用地或临时占用未利用地的方式来使用土地。对因生产需要而在临时占地范围内进行新建项目建设的单位或个人,应当严格按照国家相关法律法规及政策要求办理审批手续。如需占用永久基本农田,临时用地必须具备恢复原种植条件的能力,并符合自然资源部、农业农村部《关于加强和改进永久基本农田保护工作的通知》(自然资规〔2019〕1号)中有关申请条件、土壤剥离、复垦验收等方面的规定。但在实际操作过程中,复垦效果(土地生产能力的恢复)往往不甚理想,并且与复垦相关的一系列上下游措施(取土、弃渣等)存在一定的技术不确定性。所以,在高速铁路建设过程中,设计单位前期勘测工作一定要细致深入,充分了解当地土地总体利用规划情况。

3　案例分析

湖杭铁路是连接湖州和杭州之间的重要区域铁路线,它是优化杭州铁路枢纽客运站和过江通道布局、提升枢纽地位和能力的重要基础设施。湖杭铁路是商合杭、宁杭高铁的南延通道,与杭温铁路实现了高效衔接,形成了国家高速铁路网的主要骨架,对完善我国沿海沿江地区综合交通枢纽网络具有重要意义。作为长三角城际铁路网的重要组成部分,该工程是实现浙江省1小时交通圈的关键性工程,同时也是一项重要的民生工程,旨在促进沿线资源的开发,打造"名城、名湖、名山"黄金旅游线,激活杭州西枢纽、辐射全省全国,对促进浙江乃至长三角区域社会经济发展具有重要意义。全线纵贯湖州市南太湖新区、吴兴区、德清县、杭州市余杭区、西湖区、富阳区、桐庐县7个区(县),正线全长137.8km。项目全线临时用地约271639.5m²,其中余杭区境内625937.4m²,具体情况见表1,其复垦现状如图1所示。

余杭区内临时用地情况　　　　　表1

临时用地类型	制梁场	拌和站	临时便道	钢筋加工场
临时用地批文	余杭规划资源临〔2020〕48号	杭余规划资源临〔2020〕40号	杭余规划资源临〔2021〕29号	杭余规划资源临〔2021〕16号
面积(m²)	99990	34996.5	9767.69	8327.17
原用地类型	水田	旱地	旱地	水田
规划用途	水田	旱地	旱地、建设用地	水田
土地破坏特点	建筑垃圾回填、桩基础密度高、硬质化强度高	局部桩基础密度高、硬质化强度高	硬质化强度高	硬质化强度高

图1　复垦现状图

4　结束语

自然资源部办公厅印发的《关于规范临时用地管理的通知》(自然资规〔2021〕2号)对高速铁路临时用地选址提出了更高的要求。因此,设计单位在做前期调研时,就应该将大临用地的选址和地方土地利用规划结合起来考虑,争取做到永临结合,把临时用地后续带来的影响降至最低。在临时用地的使用过程中,复垦利用被视为最后的一道工序。对于临时用地对土地的占用和破坏,需要进行全面综合分析,通过对沿线地形条件分析研究,提出线路走向方案和工程措施建议,以便在环境保护工作中实现末端治理并从源头上进行控制。同时还要建立完善的制度体系,确保各项管理制度落实到位。加强对临时用地的管理,需要在工程项目申报、立项、建设、验收的全过程中,注重临时用地选址控制、规划审批控制、工程破坏控制和复垦利用控制,以确保"统一规划、源头控制、防复结合"的基本要求得到强化。为最大限度地发挥综合管理的效益,必须采取切实有效的措施。

参 考 文 献

[1] 王保东,单木双,赵春锁.京石段临时用地复垦工程典型设计[J].南水北调与水利科技,2008(6):37-39.

[2] 杨锐锋,张建强.铁路工程临时用地土地复垦研究[J].铁道工程学报,2009(4):57-61.

浅论铁路建设工程消防设计施工要点

湖杭铁路有限公司　王仲伟

摘　要　为了维护公共安全,保证铁路建设工程的消防安全,有效避免铁路建设工程先天性火灾隐患的产生,本文以湖州至杭州西至杭黄高铁连接工程为例,通过对该工程的全过程管理,对存在消防安全问题进行详细的分析并总结相关经验,为相关工作人员提供借鉴。

关键词　建筑分类与耐火等级　总平面布局　平面布置　建筑内部装修防火　安全疏散

铁路建设工程关乎人民群众生命财产安全,是国之交通命脉基础。随着中华人民共和国住房和城乡建设部令第 51 号《建设工程消防设计审查验收管理暂行规定》的审议通过及正式公布施行,相关职责和权力部门的交接转变,对铁路建设工程的消防安全提出更全面及更细致的要求。

1　铁路建设工程发展趋势及消防安全分析

1.1　铁路建设工程的发展趋势

铁路作为交通运输的大动脉,基础建设在我国一直都是重中之重。截至 2022 年底,我国铁路里程达 15.5 万 km,排名世界第二。随着中国经济的快速发展,国民经济对于铁路的依赖程度也越来越高,铁路建设工程快速发展,主要表现在以下几个方面。首先,建设规模越来越大,特别是旅客站房工程、动车所、修车库等建筑的高度和形态越来越复杂。随着城市人口的不断增多,建筑技术的日益更新,为了满足大众的需求,现代的建设工程不仅越来越高,而且越来越追求美观、新奇,于是建筑的形态越来越复杂。其次,结构复杂、功能越来越多。随着铁路贯通线上准一线城市的基础建设加快,交通枢纽型工程为出行人员提供了换乘、办公、对外宣传、餐饮等一体化的服务,使得对铁路建筑的要求越来越多,建筑工程设计越来越复杂,这样不仅增加了设计难度,也在施工技术上提出了更高要求。最后,铁路建筑面积越来越大,功能危险系数也随之变大,而且随着向西推进的建设进程,其建筑的地理位置也越来越特殊,考虑地质条件和水源情况,对铁路建设工程的整体结构安全和配套消防设施都提出了新的挑战。

1.2 铁路建设工程的消防安全危险

面对当下铁路建设工程的发展趋势,其消防安全主要有两个方面的影响。一方面,火灾的危险系数不断加大。对于当下铁路建筑,特别是旅客站房、配套生产生活建筑的功能越来越复杂,形态各异的建筑给消防带来了较大的危险。随着铁路站房建设与地方配套建设的结合,建筑中空间利用越来越紧凑,涉及各种服务,集各种功能于一体的综合性应用越来越广泛,使得消防安全设施的安装及配备越来越困难。另一方面,一旦发生消防安全事故,救援难度加大。特别是工程复杂、内部结构不能有效区分、辨别的铁路建筑,这样就增加了逃生难度及救援的困难,容易造成更多的生命伤亡和更大的经济损失。

1.3 加强铁路建设工程消防安全的有效举措

为了加强当下铁路建设工程的消防安全性,必须要采取有效的举措,减少消防隐患,一旦出现事故可把危害降到最低。以"新建湖州至杭州西至杭黄高铁连接线工程"项目为例,可以从以下几个方面进行有效的尝试和探索努力。第一,建筑设计一定要科学、安全。对于防火设施、安全疏散的设置,一定要经过反复的论证,确保工程设计符合消防设计的要求,从源头确保工程质量达到消防安全标准。第二,现场施工一定要标准、严谨。建筑施工就是将设计者的思想、意图及构思转化为现实的过程。消防工程施工包括混凝土结构工程、钢结构工程、防水工程、机电安装工程等,各个工种工程都有自己的规律,都需要根据不同的施工对象及施工环境条件采用相应的施工技术。在土建施工的同时,需要与有关的水电、风暖及其设备组成一个整体,各工程之间合理的组织与协调,才能发挥建设投资的效益。严格按照国家发布的有关施工技术规范,从而进一步提高施工水平,保证施工质量,降低铁路工程成本。第三,消防设施一定要齐备、可靠。为了确保铁路建设工程不出现消防问题,或者是一旦出现火灾能够把危害降到最低,应该加强对建筑中消防设备的配备和更新,确保现代铁路建设工程的消防设备符合消防安全标准。施工现场应具备足够数量、功能有效的现代消防设备,一旦出现火灾能够进行及时灭火和抢救。

2 铁路建设工程消防设计施工(建筑防火方面)具体要点分析

2.1 建筑分类与耐火等级

2.1.1 建筑分类

根据铁路生产实际情况,依据《爆炸危险环境电力装置设计规范》(GB 50058—2014)及《建筑设计防火规范》(GB 50016—2014)第3.1.1条的规定,本次新建湖州至杭州西至杭黄高铁连接线工程中,所设计的动车所、综合维修基地、四电房屋等主要生产房屋的火灾危险性分类均符合《铁路工程设计防火规范》(TB 10063—2016)中附录A的规定,主要集中在丙类、丁类、戊类火灾危险性范围内。

根据铁路生产分工的细化整合,依照其使用功能的不同而对铁路建筑的质量提出了不同的要求,明确的建筑分类,解决了不同类型建筑的建筑规范、消防规范、装饰装修规范,从根本上解决了铁路建筑的土建管理及后期的日常使用问题。

2.1.2 耐火等级

公安部、建设部、国家计委、财政部发布的《城市消防规划建设管理规定》{[89]公(消)字70号}第一章第八条规定:"城区内新建的各种建筑,应建造一级、二级耐火等级的建筑,控制三级建筑,严格限制四级建筑"。因此,铁路建设工程包括旅客车站站房及地道、天桥、站台雨棚、动车所、综合维修基地、四电房屋、派出所、单身公寓等房屋建筑的耐火等级须均不低于二级,满足《铁路工程设计防火规范》(TB 10063—2016)第2.0.2条款规范要求。

由于钢结构防火存在固有缺陷,而在铁路建设工程中,钢结构的应用面积较大而且涉及建筑类型又较为广泛,因此,在钢结构构件防火处理方面需要注意以下几点。第一,设计阶段需要对钢结构防火涂料产品要求进行信息统一,保持设计要求的一致性。在新建湖州至杭州西至杭黄高铁连接线工程—杭州西站枢纽中,根据《新建湖州至杭州西至杭黄高铁连接线杭州西站站房及相关工程结构抗火验算报告》给出的抗火设计方案,"上盖物业31.1m标高以下的钢管混凝土柱(站台雨棚标高及以下对应上盖物业投影应扩大两跨)应涂覆25mm厚度的非膨胀型防火涂料,且导热系数不大于0.116W/(m·K)"。现场查阅图纸结构总说明,发现设计未对防火涂料的导热系数提出具体要求,容易给后期材料选型、进场检验留下质量隐患。第二,采购阶段需要严格把控材料进场检验。用于保护钢结构的防火涂料必须有国家检测机构的耐火极限检测报告和理化性能检测报告,必须有防火监督部门核发的生产许可证和生产厂房的产品合格证,钢结构防火涂料出厂时,产品质量应符合有关标准的规定并应附有涂料品种的名称、技术性能、制造批号、存储限期和使用说明。采购时查验该产品是否具有国家级消防质检中心出具的合格检验报告并在网上进行查询认证。防火涂料实行消防产品型式认可制度,市场上销售的防火涂料应具备国家消防产品型式认可证书和型式检验合格报告。上述资料在采购进场时,应一一核验并进行书面留存,不光是对产品的现场把控,后期交付验收时,也是必备的申报资料之一。第三,施工阶段需要加强对施工队伍的选择以及对施工工艺过程进行管理。钢结构防火喷涂保护应由经过培训合格的专业施工队伍施工,施工中的安全技术和劳动保护等要求,应按国家现行有关规定执行。对该项工作的专业分包,必须选定符合资质的单位进行承揽和实施。钢结构防火涂料的施工,必须等钢结构安装就位且与其他相关联的构件安装完毕并经验收合格后方可进行防火涂料的施工。而且施工前,钢结构表面应除锈处理,其表面的杂物应清除干净,与其连接缝隙应用防火涂料填补堵平后方可施工。施工完成后,还要注重成品保护,防止脏液污染和机械撞击。**钢结构防火涂料涂刷工艺中,要严格检测其涂刷厚度是否达标**。第四,委托第三方检测机构对现场涂刷质量进行检测,保证厚度等满足耐火极限要求,确保交付建筑的耐火安全。

2.2 总平面布局

总平面布局主要处理的是建筑物与外部事物之间的关系,包括建筑位置、防火间距、消防车道等。自身危险的物品必须设置在边缘相对独立的安全地带,有自身危险的装置宜布置在全年最小频率风向的上风侧。

2.2.1 防火间距

铁路建设工程属于特殊建设工程范围,其用地布置相对于普通民用、工业建筑较为宽裕,而且其生产、生活用房多为独立区块,属于独栋建筑,有较为充足的预留用地。在总平面布置设计时,须严格按《建筑设计防火规范(2018年版)》(GB 50016—2014)、《铁路工程设计防火规范》(TB 10063—2016)中的防火间距条款执行,对各个建筑的防火间距都作详细的尺寸标注。

2.2.2 消防车道

消防车道是指火灾时供消防车通行的道路。根据《建筑设计防火规范(2018年版)》(GB 50016—2014)中消防车道的相关要求规定,消防车道的净宽和净空高度均不应小于4.0m,消防车道上不允许停放车辆,防止发生火灾时堵塞。铁路建设工程中《铁路工程设计防火规范》(TB 10063—2016)对消防车道的设置也做了明确规定。在本次新建湖州至杭州西至杭黄高铁连接线工程中,设计方面对消防车道进行了详细的设计,如牵引变所内外道路的设置、高架候车厅(室)的消防车道设置。考虑到附属生产、生活用房多为沿线建设,通过现场环境的勘察,部分房屋建筑附近贴临村道,从经济角度考虑,也可尽量兼用现有道路作为消防车道,节约土地,节省建设工程总体造价。现场施工过程中,对于消防车道项目的消防验收评定,主要评定道路的硬化施工及划线标准。由于铁路建设工期受到线路运营开通时间的要求,现场常处于交叉作业状态,大型机械经常往返进出工程场地,给道路的施工带来了客观影响,针对这一问题,就需要现场施工管理方面安排好各项工作的施工计划,充分发挥流水作业效率,根据时间节点安排,落实好车道施工工作,避免因为道路敷设、路面硬化等不符合要求而耽误整体工程的消防验收。

2.2.3 消防车登高面、消防救援口

消防救援口是指设置在厂房、仓库、公共建筑的外墙上,便于消防队员迅速进入建筑内部,有效开展人员救助和灭火行动的窗口。在防火验收检查中,应通过对建筑外立面的检查,核实消防救援口的设置是否符合现行国家工程建设技术标准的要求。

《浙江省消防技术规范难点问题操作技术指南(2020版)》(浙消〔2020〕166号)中规定各层直通室外的门、窗或设有门、窗的敞开外廊、阳台也可以作为消防救援口使用,但应设置可在室外识别的明显标志。设计方面,对于消防救援口的标注均符合国家及地方要求,主要问题还是集中在施工方面,通过对新建湖州至杭州西至杭黄高铁连接线工程中此项的验收总结,表现在幕墙二次深化后对位

置的调整变化以及最后交付工作中未对救援口进行明显标示。消防救援口的设置属于土建工程范围内,对于最终交付验收时间间隔较长,土建施工人员忽略遗忘的情况较为普遍。

2.3 平面布置

建筑消防平面布置的原则包括:第一,建筑内部某位置着火时,能限制火灾和烟气在建筑或通过内部和外部的蔓延,并为人员疏散、消防救援和灭火提供保护;第二,建筑内部发生火灾时,减少邻近(上下层、水平相邻空间)分隔区域受到热辐射烟气的影响;第三,消防人员能方便进行救援,利用灭火设施进行灭火;第四,有火灾或爆炸危险的建筑设备设置部位时应能防止人员和贵重设备造成影响或危害,或采取措施防止发生火灾或爆炸,及时控制灾害的蔓延扩大。

在铁路建设工程中涉及的平面布置,主要是对消防控制室、消防水泵房、柴油发电机房、变配电房以及建筑内特殊场所的设置要求,例如商业营业厅、空调机房、厨房等。从新建湖州至杭州西至杭黄高铁连接线工程的消防验收工作总结中得出,通过特殊消防设计及安全评估等工作,在设计环节上总体情况都比较符合相关规范的要求,不过后期,因为使用部门的需求变化,对各个功能房间提出了不同的要求,出现了平面布置设计的变更,从而影响了施工环节的变化,推迟了整体工程的交付时间。对于此类情况,建议后期建设工程中,对于建筑内功能性房间的布置,还需要建设单位牵头,尽早收集使用单位的使用功能需求,搭设沟通渠道,使设计单位尽可能全面、及时了解建筑的最终用途,避免重复设计工作和施工返工概率,确保工程建设如期完成。施工环节上,施工单位加强依图施工的管理工作,特别在细节方面要多加留意,例如设备间挡水门槛的设置等。

2.4 建筑内部装修防火

随着时代的发展,特殊功能及多功能的建筑物大量涌现,大量新型建筑装修材料、新工艺开始使用。特别是铁路站房工程,因其承载的功能和使用性质的特殊性,在内部装修设计中,往往会在结构工程基础上进行大面积及更深度的装修和装饰。因启用时间节点的限制,铁路站房的装修工程又基本上与主体结构同步进行,且在同期接受竣工验收评定,对设计单位和施工单位都是非常大的工作挑战,例如在湖州至杭州西至杭黄高铁连接线工程——杭州西站枢纽中,由于是与

地方配套合建的交通枢纽,涉及了展览、办公、会议、后勤、餐饮等功能区域,考虑到视觉美观及日常运营需要,每个区域的划分都有各自的特殊需求,依照《建筑内部装修设计防火规范》(GB 50222—2017)相关规定,不同的应用场所对其内部装修材料的选定,都有不同的防火要求。设计单位在满足功能的基础上,还要考虑视觉审美层面上的效果化目标,在材料选则上就需要有更广阔的视野信息,必须在首要满足防火要求的安全基础上,选择符合设计需求的装修材料。其次,在施工阶段,作为有经验的施工单位,要对装修细节有充分的交底了解。例如消火栓箱、电源箱等设施、电器暗装要求下对墙体的防火处理及基础准备,背墙加厚、饰面板活页调整、标牌标识的预留固定等,尽可能提前与各班组进行交底,避免后期返工整改,做到既能节省材料,又能提高工期效率。

2.5 防火分隔、防烟分隔、固定窗

2.5.1 防火分隔

防火分隔设施一般指的是在一定时间能把火势控制在一定空间,阻止其蔓延扩大的一系列分隔设施。常见的防火分隔设施主要有防火墙、防火门、防火窗、防火卷帘、防火阀、阻火圈、防火水幕带等。在铁路建设工程中,最常用的防火分隔设施就是防火门。从往期铁路建设工程经验来看,对于防火分区的分隔划分,除涉及特殊消防设计中超大型防火分区外,一般项目中设计工作基本不会出现重大偏差且考虑到消防安全及人员通行要求,设计标准普遍高于一般民用公共建筑的规范要求等级。此项的消防重点主要集中在对施工部分的现场安装工序管理。首先,对于防火门的防火等级要根据图纸逐一核对。甲级防火门、乙级防火门因其耐火等级的不同,在分隔使用的部位有明确的规范限制要求。其次,对于防火门组件的安装应完整有效,常闭式防火门需安装闭门器,常开式防火门需安装限位装置,对于两扇门以上的防火门,还需要要加装顺位器,特别是现场设有门禁系统时,需要提前预留位置,确保功能之间不发生冲突。最后,门框的封堵及灌浆处理。在施工时应严格按照工序顺序安排防火门单项安装,防火门安装完毕后,还应及时跟进门框整体灌浆和封堵工序,避免因为交叉施工,设备进出对防火门门槛、门框的机械碰撞损毁,降低工程成品损耗。

2.5.2 防烟分隔

防烟分区的设置是为了火灾现场人员的生命安全考虑。很多研究表明,火

灾现场的人员出现伤亡很大一部分原因不是因为大火所致,而是因为火灾现场的烟气导致的死亡。因此,设置防烟分区可以保证在一定的时间内,大火产生的浓烟不会随意地扩散,而是按照理想的设计模式扩散到室内,这样对于控制火势蔓延和减少火灾的损失也有很大帮助。在火灾现场,最重要的就是要控制高温烟气的扩散。在铁路建设工程中,用于防烟分隔的措施主要有挡烟垂壁、隔墙、防火卷帘、建筑横梁等,其中挡烟垂壁使用的最为广泛。从设计角度来看,防烟分隔设施的选择主要根据建筑使用空间的要求来选定。因铁路建设工程主要服务于交通运输,有大量的使用人群,从空间节省和美观角度,多选用电动式无机纺布挡烟垂壁。这类设施的选择,在施工安装上就会要求施工单位在高度、搭接、封堵方面作着重的细节管理。首先,要满足火灾场景的通行高度;其次,多樘挡烟垂壁的搭接和下降顺序要满足国家规范要求;最后,要考虑电动卷帘卷轴及材质厚度的影响,提前对施工部位做好两侧和顶部的密封措施。

2.6 安全疏散

纵观近几年的火灾事故,造成大量人员伤亡的主要原因是安全疏散设计不合理,现场没有可靠的安全疏散设施,人员不能及时疏散到安全的避难区域而被毒气炝昏和高温窒息后遇难的。铁路建设工程服务于交通运输,人员流动密集,现场安全疏散设计作为一项基本的消防安全要素,必须引起高度重视。首先,设计时要合理确定疏散时间。在进行安全疏散设计时,应充分考虑安全疏散时间,特别是对于大型旅客站房要充分利用特殊消防设计评估,利用科学的软件对火灾场景下的人员疏散时间做好验算及论证;其次,设计时要合理确定安全出口的数量和位置。楼梯、安全出口在建筑平面中的数量和位置,这直接关系到人员疏散是否通畅、安全、内外联系是否方便,疏散路线是否简捷明确等。在设计的基础上,施工时,一定要保证楼梯、走道、底层安全出口疏散外门的净宽度,要充分考虑结构面装修施工的预留空间。在重要疏散通道、安全出口处要有明确的应急照明设备及指示装置,要预留好穿线安装孔洞,避免二次破坏或遗留。

3 结束语

本文主要对铁路建设工程的发展趋势进行了梳理,以湖州至杭州西至杭黄高铁连接线工程为例,通过对该工程的全过程管理,以消防工程中建筑防火为切

入点,对存在的消防安全问题进行详细的分析,并总结了相关经验。总的来说,目前铁路建设,特别是高速铁路建设发展较快,但是在铁路建设工程设计和相关施工技术方面还存在一些不足。所以在后期的铁路建设中,要更加注重质量,特别是消防安全方面的质量,完善相应的基础设计、施工管理体系,不断精进技术,从而使我国的铁路建设工程消防安全得到更好的保障,为铁路建设事业打好扎实的安全基础。

参 考 文 献

[1] 国家铁路局.铁路工程设计防火规范:TB 10063—2016[S].北京:中国铁道出版社,2017.

[2] 中华人民共和国住房和城乡建设部,中华人民共和国国家监督检验检疫总局.建筑设计防火规范(2018 年版):GB 50016—2014[S].北京:中国计划出版社,2018.

高铁代建视角下铁路征地拆迁管理研究

湖杭铁路有限公司　王志发

摘　要　2004年国务院发文推行非经营性政府投资项目代建管理模式，2017年原中国铁路总公司发文要求今后新建铁路项目征地拆迁工作均采取地方政府包干制，奠定了铁路部门、地方政府合作新建铁路项目征地拆迁的政策基础。本文梳理了国家、省、市关于铁路项目征地拆迁的重要政策条款，比较了铁路项目与其他项目征地拆迁工作的区别，基于湖杭铁路项目征地拆迁实践，从投资控制、征地拆迁管理分析了当前铁路征地拆迁工作中存在的问题及产生的原因，并提出了在代建模式下征地拆迁工作开展及推进的对策。

关键词　湖杭铁路　征地拆迁包干　投资控制　征地拆迁管理

我国铁路建设经历了工程指挥部模式、工程建设指挥部与建设监理相结合的模式、项目法人模式和铁路局委托代建模式。2004年，昆明铁路局集装箱网络中心站成为全路的第一个试点项目，2019年4月，湖杭铁路可行性研究报告批复，明确项目由上海铁路局代建，明确了项目征地拆迁工作采用"征地拆迁政府包干模式"。湖杭铁路有限公司作为业主单位，在高速铁路代建制的引领下，与地方政府积极沟通协调，推进项目征地拆迁工作的开展，并通过签订包干协议的方式，优化征地拆迁费用控制、加强征地拆迁过程管理，使得项目征地拆迁工作高效稳步推进，并按时完成项目征地拆迁工作。

1　征地拆迁包干模式下的投资控制

1.1　征地拆迁概（预）算现状

通常铁路的概（预）算由概算—调整概算—清理概算三个阶段组成。与其他工程类似，铁路项目建设投资一般以概算批复为主要依据和控制目标。但与其他工程不同，铁路项目涉及建设内容多、投资大、工期长，导致调整概算发生概率高于其他工程，其中又以铁路征地拆迁费用超概最为严重。湖杭铁路征地拆迁费用目前处于清理概算阶段,根据征地拆迁工作完成情况预测,项目征地拆迁费用超概算批复幅度或超20%。究其原因,一是在概(预)算阶段,对征地拆迁费用的测算深度不足,导致无法准确覆盖征地拆迁工作量;二是各市、县(区)征地拆迁补偿标准不一,测算容易产生偏差;三是铁路工程前期研究时间较长,概(预)算阶段与实施阶段的征地拆迁补偿标准受政策、经济形势影响,赔偿价格总体呈现上升趋势。

1.2 征地拆迁政府包干模式对投资控制的作用机制

2014年,原中国铁路总公司探索了一种改进征地拆迁费用概(预)算管理工作方式的方法,提出了"征地拆迁政府包干模式",并在2017年正式发布了《中国铁路总公司关于进一步加强铁路建设项目征地拆迁工作和费用管理的指导意见》(铁总计统〔2017〕177号)(以下简称177号文件),要求今后新建铁路项目的征地拆迁工作必须采用地方政府包干制,并在项目初步设计批复前完成包干协议的签订工作。该办法实施以来,各地各部门积极配合,努力推进"政府包干"改革,取得显著成效。杭绍台铁路是国内首个采用"政府包干模式"完成征地拆迁任务的建设项目,地方政府积极承担责任,项目公司提高了资金使用效率,参建单位节约了使用资金,最终成功实现了投资控制目标。

作为浙江省内一项按照"政府包干模式"完成征地拆迁任务的新建项目,湖杭铁路吸取了杭绍台铁路征地拆迁经验与教训,推动设计单位根据选线要求对沿线涉及征收土地、拆除建(构)筑物以及各类管线迁改的工作量进行了详尽的调查;在调查过程中,地方政府对征地拆迁政策和数量进行了确认,并对各种管线的迁改方案进行了专题论证。在此基础上,与沿线各县(区)政府达成了征地拆迁包干的协议,以确保项目的顺利实施。

1.3 征地拆迁政府包干模式实施建议

1.3.1 做深前期调查工作

在实施征地拆迁之前,177号文件要求铁路部门、地方政府双方达成框架协议,以明确征地拆迁内容和数量。通过调研发现,目前部分地方存在着一些认识上的误区和操作上的不规范问题,导致实际执行中出现了诸多矛盾。为了确保征地拆迁前期调查工作地有序推进,需要各参与主体从职责角度出发,深入细致地展开相关工作。因此,在实际的征地拆迁前期工作中,应该按照"统一思想、统一标准"和"全面覆盖、重点突出"的原则展开。为满足选线要求,设计单位需对沿线所涉及的土地征收、建(构)筑物拆除以及管线迁改等工作量展开详尽的调查;在调查过程中,地方政府将对征地拆迁政策及其数量进行专题论证,特别是对各种管线的迁改方案进行专题研究,以确保其有效性。对于拆迁安置房建设规划和征地范围的划定也需重点关注。一是在确定征地拆迁数量时,除了考虑通用的技术规程外,还需特别关注一些特殊情况,例如"四电"(通信工程、信号工程、电力工程、电气化工程)及"河道补偿"等附属工程所需的特殊用地数量,这些用地要结合具体点位专项设计;二是建(构)筑物拆迁量,往往涉及对资产实际使用功能破坏的专项论证;三是管沟(线、缆、渠)道路迁改量,要充分考虑产权单位对征地拆迁过程的需求,避免因需求考虑不足导致的方案修改,影响征地拆迁进度,增加迁改费用。

1.3.2 做细征地拆迁费用测算工作

铁路项目不同于一般工程项目,往往是跨县(区)、跨市甚至是跨省项目,由于各县(区)征地拆迁赔偿政策的不同,征地拆迁定额单价也存在一定的差异。以铁路项目征地拆迁概(预)算定额管理办法为依据,与地方政府征地拆迁补偿的相关标准要求相结合,以土地征收定额、建(构)筑物拆迁定额、管沟(线、缆、渠)道路迁改定额以及其他特殊事项征收四大类为依据,确定征地拆迁定额单价。房屋及企业拆迁补偿是建筑工程拆迁定额中的重要内容,按补偿方式可分为"货币补偿"与"产权置换"两类。按照浙江省发展和改革委员会《关于印发〈湖杭铁路、杭衢铁路、温玉铁路征地拆迁工作实施意见〉的通知》(浙发改基综〔2019〕446号),对于环境敏感区,建筑拆迁优先采用功能置换方式,红线内安置用地按1:1比例控制,即建筑拆迁指标按红线内产权置换方式计算,环境敏感区采用货币化补偿方式计算。征收土地时,一定要严格按照国家有关规定,对补偿价进行明确规定。除此之外,还需要对相关税费进行综合考虑,包括但不限于耕地占用税、耕地开垦费、占补平衡指标费、森林植被恢复费、水土保持补偿费以及被征地农民的社保费用等。

1.3.3 做优政府包干模式

在进行充分前期调查和做好费用测算工作的基础上,对于政府包干模式,也要不折不扣的贯彻落实,在事前要与沿线各县(区)做好对接,测算过程要邀请属

地政府参与其中,了解清楚各属地征地拆迁政策文件标准,做到"一地一策"。事中做好跟进,督促地方政府在征地拆迁工作实施过程中落实投资控制主体责任,监督相关主体严格按照法定程序进行征地拆收补偿工作。事后要对政府包干模式进行及时总结,以事后评估的方式倒逼征地拆迁工作高效开展。

2 征地拆迁包干模式下的实施控制

2.1 征地拆迁管理现状

2.1.1 征地拆迁进度控制困难

铁路征地拆迁主要是在施工组织设计指导下的征地拆迁管理。铁路建设一般是以施工组织为管理主线,铁路作为线性工程一次性完成征地拆迁并交地的难度比较大,但是工期要求又比较严格精细,因此一般征地拆迁是根据施工组织要求分批分期完成。湖杭铁路有限公司与湖州、杭州有关县(区)签订的包干协议,要求按"轻重缓急,分期分批"完成拆迁交地。2019年10月底完成红线范围内拆迁、交地至30%;12月底完成拆迁、交地至50%;2020年3月底完成拆迁、交地至85%;6月底完成拆迁、交地至100%。然而在实际征地拆迁工作中,截至交地时间,湖州段完成交地任务,杭州段尚有0.42%交地目标未完成。而在2019年12月底,两市均超额完成各自交的任务,说明前期完成的征地拆迁任务主要是难度较小的征地拆迁对象,而相对征地拆迁难度大的对象,实施主体往往采取暂缓的办法。从征地拆迁进度控制角度,"舍难求易"的方式不利于建设主体对征地拆迁工作的准确判断和统一把控,也使得属地政府不得不在征地拆迁起始就与所有被征地拆迁主体开展谈判,容易导致实施主体对征地拆迁费用的不合理安排,也会产生征地拆迁阶段工作内容和强度的不均衡分布,从而影响征地拆迁交地的效率。

2.1.2 征地拆迁工作推进协调困难

当前征地拆迁包干协议由建设主体与沿线县(区)级人民政府签订。但是在实际征地拆迁时,征地拆迁工作的实施单位为各县(区)街道或镇政府,除了实施单位,征地拆迁工作还会涉及各县(区)发改、住建、规划等部门的多个有关部室。由于涉及部门、单位之多,要协调各方按照整体的进度目标开展征地拆迁工作的难度较一般项目的征地拆迁也更大。此外,由于铁路项目自身特点,项目线型既跨县(区)、又跨市,使得征地拆迁对象往往位于不同地区,也加大了协调的难度。当前,各地征地拆迁政策主要参考各县(区)文件,尚未达成全线统一,也给征地拆迁工作的协调推进带来了一定的困难。

2.1.3　征地拆迁费用超出概(预)算

无论原中国铁路总公司,中国国家铁路集团有限公司,还是浙江省发展和改革委员会的相关文件,都要求新修铁路项目的土地征用和拆迁成本要按照有关规范,在可行性研究和初步设计阶段,将土地征用和拆迁成本全部计算在内。在原中国铁路总公司批复后,项目公司和沿线地区政府签署了征地补偿协议并明确规定,在征地补偿协议签订后,征地补偿总额不做调整。这样的规定可以使征地拆迁款按设计价值支付。在实际操作过程中,由于征地拆迁费用超过了批复预算,导致征地拆迁进度缓慢,项目公司需要根据实际需要调整预算,从而影响征地拆迁进度。

2.2　征地拆迁问题分析

2.2.1　疫情因素影响征地拆迁谈判工作

2020年新冠疫情席卷而来,各属地街道、镇政府的工作以疫情防控为主,对于需要投入大量人力物力、需要现场谈判的征地拆迁工作,难以投入足够多的资源,且本身因防疫需要,导致实施主体不能与被征地拆迁对象进行频繁接触。此外,疫情的传播对维稳工作提出了更高的要求,使得各地政府对征地拆迁工作均保持慎重的态度,也导致了征地拆迁谈判工作的推进困难。最后,由于防疫需要,湖杭铁路有限公司征迁部也难以经常性前往现场指导、督促征地拆迁谈判工作的开展。

2.2.2　各县(区)征地拆迁实施单位铁路征地拆迁经验不足

首先,铁路征地拆迁政府包干模式诞生时间较短,且随着湖州、杭州市内拆迁工作的逐步减少,职能部门中具备征地拆迁经验,尤其是铁路征地拆迁经验的工作人员不少都已调离或退休,导致地方政府相关人才较少,征地拆迁工作推进协调困难。其次,由于各地征地拆迁政策的不同,在赔偿金额上有较大的差别,被征地拆迁对象得知此事后,难免产生心理落差,进一步加剧了征地拆迁工作的

难度。最后，由于各地方政府承担征地拆迁费用并作为出资纳入铁路股份当中，该模式使得征地拆迁工作在推进的同时也面临着多方博弈的结果。

2.2.3 初步设计阶段对征地拆迁概(预)算不足导致超概

尽管湖杭铁路有限公司征地拆迁概(预)算已经达到了一定的深度，但由于征地拆迁包干费用地确定具有明显的时效性，并且费用的执行时间跨度短至三个月、长至一年不等，因此，在征地拆迁过程中需随时调整征地拆迁费用。由于提前签署并固定的征地拆迁包干费用无法准确反映后续一段时间内固定资产价格的剧烈波动，因此，可能导致预算费用与实际费用之间出现较大的偏差。如何有效地控制和管理好征地拆迁资金就成为一个亟待解决的现实问题。随着沿线征地拆迁数量的不断增加，征地拆迁工作所面临的补偿事项和补偿标准的提高等问题也变得越来越难以预测和解决。最后，由于铁路征地拆迁工作对时效性要求高，为了尽快完成征地拆迁交地工作，经建设单位、属地政府和跟踪审计单位共同确定，也会出现高于测算赔偿金额的情况发生。

2.3 征地拆迁管理建议

2.3.1 利用好智能系统，推进数字征地拆迁工作

在5G技术高速发展的背景下，人工智能及可视化技术也可运用到征地拆迁工作中。数字技术的引进，一方面使得征地拆迁数据更加直观，减少了征地拆迁工作人员的频繁出差，可以将更多的精力专注于核心工作。另一方面，数字平台的介入，使得各参建单位能够在同一平台沟通，及时共享信息与进度，避免"鸡同鸭讲"的情况产生。湖杭铁路有限公司积极响应浙江交通集团"数字交投"建设要求，深入探索征地拆迁场景数字化应用，组织设计单位及沿线各县(区)铁路指挥部征地拆迁相关负责人进行数字征地拆迁平台系统培训并针对余杭区征地拆迁数量较大，情况相对复杂的特点，专门组织上门培训。

2.3.2 加强事中管理，协调各方形成合力

在政府包干模式下，属地政府作为实施主体和投资控制主体开展工作，而建设单位主要履行监督管理责任。在实践中，建设单位还应对征地拆迁工作进行指导与协调，确保各参建单位思想统一、步调一致。建议开展铁路征地拆迁专项培训，对征地拆迁任务重和征地拆迁经验不足的县(区)进行辅导，使其尽快掌握

铁路征地拆迁工作要点。同时,也借征地拆迁培训契机,拉近各方关系,了解各方困难,借势借力推动征地拆迁工作。

2.3.3 及时总结梳理,形成知识体系

要对征地拆迁工作整体进行评估,既评估建设单位的管理成效,也评估参建单位的工作成效,对照进度计划,列出各个时间节点进度滞后(提前)的原因进行逐项分析,及时总结提前的经验,反思滞后原因,提出工作改进的措施和建议,并形成铁路征地拆迁工作知识体系。此外,建议将总结梳理成果进行上报,作为职能部门考核的依据。

3 结束语

征地拆迁作为铁路项目建设的重要前置条件,其工作开展的顺利与否将影响项目建设进度。在铁路项目代建、征地拆迁政府包干的背景下,建设单位作为"中间方"看似"无力",实则承担着比过去更大的责任与压力。在投资控制方面,建设单位要做深做细征地拆迁概(预)算编制工作;在征地拆迁管理方面,建设单位要熟悉沿线各县(区)政策依据,担负起过程管理的责任,协调各参建单位,最终实现项目的按期开工、顺利施工和及时竣工。

参 考 文 献

[1] 张强.关于铁路建设项目代建制模式的研究[J].基建优化,2005,26(3):4.

[2] 谢亚伟.中国高速铁路投资战略管理研究[D].武汉:武汉大学,2012.

[3] 达选信.征地拆迁的难点问题与应对措施研究——基于铁路建设项目征拆分析[J].区域治理,2022(17):96-99.

[4] 黄喜兵.铁路建设项目代建制研究[D].成都:西南交通大学,2010.

高速铁路建设期涉河涉堤补偿工程管理及铁路保护措施的研究与思考

湖杭铁路有限公司 徐 晗

摘 要 高速铁路建设过程往往因为建设工期较紧,忽视了涉河涉堤补偿工程的建设管理,经常出现高铁开始联调联试,甚至开通后,涉河涉堤补偿工程还未实施完成,导致需要增加对高铁围护措施、监测情况的出现,造成工程费用剧增、实施风险加大情况的出现。本文以湖杭铁路建设为例,分析了涉河涉堤补偿工程的建设时机和实施技术方案,总结了涉河涉堤补偿工程的施工经验,具有一定的借鉴意义。

关键词 高速铁路工程 建设期 涉河涉堤工程 铁路保护

1 概述

浙江省软土分布特征明显,对高速铁路的修建和建成以后的影响很大,在实际高铁建设中,因为基础设施周围的堆载,特别是开挖卸载引起基础设施变形超过控制标准,甚至导致高铁设施产生开裂等结构性病害。

在高速铁路建设过程,不可避免的需要占用既有河道、堤岸,根据《中华人民共和国防洪法》《河道管理范围内建设项目管理有关规定》《浙江省水域保护管理办法》,建设项目占用水域的,应当根据被占用水域的面积、容积和功能,采取功能补救措施或者建设等效替代水域工程。高速铁路建设管理中,因为项目建设工期较紧,有时候忽视了涉河涉堤补偿工程的建设管理,经常出现高铁开始联调联试,甚至开通运营后,涉河涉堤补偿工程还未实施完成,导致需要增加对高铁围护措施、监测情况的出现,造成工程费用剧增、施工风险加大。

本文结合湖杭铁路涉河涉堤补偿工程的实施,对高速铁路建设期涉河涉堤补偿工程的建设管理、铁路维护措施进行研究总结,提出有针对性的管控措施,从而保证高铁运营阶段的安全,降低实施成本。

2 建设管理

2.1 湖杭铁路工程概况

新建湖州至杭州西铁路正线北起湖州市吴兴区,途经德清县、余杭区、西湖区、富阳区,南至杭州市桐庐县,线路全长137.8km。湖杭铁路沿线地形复杂,穿越多条山区性河流及平原河道,主要跨越东苕溪、南苕溪、富春江等重要主干河流及其他支流,工程的建设给区域内河道的防洪排涝带来影响,因此必须采取必要的补救措施,以尽量减少对周边地区防洪的影响。

湖杭铁路建设过程中,由铁路设计单位委托水利咨询单位做了防洪评价,经水利主管部门审批明确了涉河涉堤补偿措施。但实施中,此项工作由铁路公司按照批复概算费用,交由地方政府实施。但地方政府没有在铁路静态验收前实施,导致铁路进入静态验收、联调联试,甚至铁路开通运营后仍未完成涉河涉堤补偿工程,补偿工程施工邻近铁路营业线,导致工程费用大大增加,而且施工风险增加。

2.2 建设时机选择

涉河涉堤补偿工程属于铁路建设的配套工程,根据工程实施的情况,实施时间常规有三种情况。

(1)铁路建设时同步实施。

铁路工程实施过程中,对涉河涉堤补偿工程同步实施,在铁路工程完工前,涉河涉堤补偿工程已实施完成。此时不需要额外增加铁路维护措施,不需要监测,也基本不需要铁路监管,实施成本最低、难度最小。

同步实施存在一定的问题,涉河涉堤补偿工程往往是施工临时通道的位置,同步实施往往会因为影响施工便道而影响铁路工程的建设进度。

(2)高铁静态验收后(或联调联试后)实施。

高铁静态验收后,基本铁路土建工作已完成,施工便道利用率低,涉河涉堤补偿工程实施对铁路的施工进度影响小。

但铁路静态验收后,铁路的结构已基本锁定,虽然铁路未开通,但外部实施涉河涉堤工程会影响已完工铁路的安全,需要增设铁路维护措施、对铁路成品结构进行监测,但施工中的监管可以不必像营业线那样严格。

(3)运营后实施。

铁路运营后实施,属于邻近营业线施工,考虑到铁路运营安全,需要增强铁路维护措施,对铁路结构物进行第三方监测,并实行严格的监管。

鉴于上述三种建设时机的优缺点,实际工程实施中,在保证铁路工程进度的前提下,尽量同步实施。对于影响铁路施工便道的内容,可以铁路主体完善后尽快实施,尽量赶在铁路静态验收前实施完成。如果有些内容确实在铁路静态验收前,甚至联调联试后无法实施的,可以纳入遗留工程实施。但此时的工程量相对较小,对铁路的影响小,即使要增加措施,工程量也有限。

2.3　建设模式

《国铁集团关于加强涉铁工程管理的指导意见》(铁工电〔2021〕85号)规定:"涉铁工程建设原则上应采用代建模式,特殊情况确不具备代建条件的,经铁路局集团公司履行决策程序后可采用代管模式,铁路局集团公司要与业主单位平等协商签订相关合同。代建模式即业主单位将涉铁工程委托铁路局集团公司建设实施的建设模式。代管模式即业主单位委托铁路局集团公司按铁路有关规定进行建设管理,协助业主单位开展协议签订、方案审查、施工配合、施工要点、竣工验收等综合协调工作的建设模式。"

涉河涉堤补偿工程作为铁路建设的配套工程,可以参照铁路涉铁工程建设规定的建设模式(如拖到铁路开通后实施,需要按照铁工电〔2021〕85号实施),也可以结合工程特点,另行选择建设模式。涉河涉堤补偿工程的建设可以考虑以下三种模式。

(1)地方政府直接实施。

考虑到涉河涉堤补偿工程,原则上行业管理归口在地方水利部门,而且实施中涉及到的征地拆迁等政策问题也需要地方配合,如果工程可以与铁路建设同步实施,可以由地方政府直接选择施工单位实施。

(2)委托铁路施工企业。

考虑到铁路施工企业在施工现场有施工机具与人员,而且涉河涉堤补偿工程与铁路建设紧密相关,考虑施工场地、机具、进度协调的方便,也可以委托铁路施工企业实施。

(3) 由铁路建设管理机构实施。

地方涉河涉堤补偿工程实施中,有时候难以做到铁路静态验收前完工。考虑铁路进入联调联试阶段,涉河涉堤工程还未完工,也可以考虑由铁路建设管理机构实施,这样即使铁路开通后仍未完工,按照遗留工程实施,协调难度小,也可简化邻近营业线施工手续审批。

3 实施技术方案

湖杭高铁德清段建设占用了部分河道水域,破坏了河道堤防,需对占用水域和堤防进行补偿、修复和加固。曹家横港工点所涉及的为湖杭高铁余杭特大桥39#~45#桥墩、宁杭高铁京杭运河特大桥37#~43#墩,河道开挖区域位于宁杭高铁的东侧、湖杭高铁两侧及桥下,此区域内湖杭高铁与宁杭高铁并行,相邻两线间距为20~28.5m。

工程实施时,宁杭高铁已通车多年,湖杭高铁正在联调联试。而工程实施区域基本在宁杭高铁东侧,湖杭高铁两侧及桥下。宁杭高铁作为运营铁路,允许位移2mm,而湖杭高铁正联调联试,虽然位移控制指标参照运营高铁,但若出现超标位移,铁路施工单位还有调整机会与空间。研究实施技术方案时,以保证宁杭高铁位移不超限值作为重要考虑因素。

3.1 方案拟定基本原则

铁路附近河道开挖设计方案基本是以加强对铁路桥梁保护为主,在河道与铁路桥墩间打维护桩。为保证铁路桥墩位移小于限值,软土地区有些工点甚至施打三排隔离桩,虽然减少了铁路桥墩位移,但造价较高,而且实际工程效果有限,多次出现铁路桥墩位移超标情况。

铁路桥墩倾斜、偏位主要是因为开挖卸载、基底隆起所导致的,对于所挖除的土而言,常规干土容重约为$2.0t/m^3$(含有机质多而结构好的土壤,如农业土壤土容重$1.1~1.4t/m^3$),水容重为$1.0t/m^3$,二者差值为$1.0t/m^3$。有水无水条件下,卸载量差异较大,曹家横港在拟订方案时,结合前期方案的经验,按以下原则拟订实施技术方案。

(1) 河道开挖相当于卸载,是导致高铁桥梁变形的因素,对卸载通过外加荷载予以平衡。

（2）河底地质条件不好，通过基底处理改善土体，提高抗隆起能力，控制高铁桥墩变形。

（3）在高铁结构与卸载区域设置隔离措施，以减小卸载的影响。

（4）结合建设成本，将不平衡荷载控制在允许范围内，不过度追求位移小，以节约造价。

3.2 宁杭高铁桥梁隔离桩维护开挖加基底注浆方案

河道开挖对宁杭高铁相当于单侧卸载，需考虑卸载平衡、隔离措施。施工单位考虑了两个方案。

3.2.1 对称开挖+基底处理方案

鉴于宁杭高铁西侧为水塘，在宁杭高铁东侧开挖河道时，同步在铁路西侧水塘中进行对称开挖。开挖只是将原有水塘进行加深，不需要额外征地。

对于两条高铁间的河道开挖区域，施打水泥搅拌桩，以尽量保证荷载平衡；通过基底加固，提高河床土力学特性，改善开挖时对土层的扰动，从而减小对高铁桥梁的附加位移。考虑对称开挖及基底处理后，根据理论计算结果宁杭高铁位移小于2mm，不再考虑设计隔离桩。

该方案优点是不需要施打隔离桩，施工成本相对较低；缺点是铁路西侧开挖区域，施工中做到严格对称开挖存在困难，铁路工务部门存在顾虑。

3.2.2 隔离桩+基底处理方案

考虑到河道开挖对宁杭高铁相当于单侧卸载，且开挖区域距离高铁桥梁边缘净距仅为11.0m，如此近距离的河道开挖，势必引起河底隆起、桥墩偏位。经综合比较，考虑采取以下方案。

（1）宁杭高铁和湖杭高铁间堤岸处前排设置直径1.0m、间距1.1m钻孔灌注桩进行隔离，桩顶设1.2m×1.0m×1.0m冠梁，后排设置直径1.0m、间距7.7m钻孔灌注桩，前后排桩间设置系梁连接。

（2）河道采用直径0.6m、间距1.2(0.8)m、桩长6.0m、梅花形布置的水泥搅拌桩置换加固，参照《公路与市政工程下穿高速铁路技术规程》（TB 10182—2017）9.0.7~9.0.10的要求，河底及坡面采用反滤土工布+10cm粗砂+10cm碎石+30cm M10浆砌块石断面形式。

3.3 湖杭高铁桥梁基底注浆＋基底处理方案

河道开挖基本在湖杭高铁桥梁两侧及周边开挖，对高铁桥梁无法采取隔离措施，方案中既要考虑卸载平衡，也要考虑提高基底抗隆起能力，设计考虑了不进行地基处理措施、基底用水泥搅拌桩处理与铺砌方案。根据理论计算结果，结合宁杭高铁维护，最后选定的方案如下。

（1）河道采用直径0.6m、间距1.2（0.8）m、桩长6.0m梅花形布置水泥搅拌桩对河道区域开挖面以下进行置换加固，以将所卸荷载部分预先施压，并改善基底土承载力、抑制河底隆起。

（2）河底及坡面设置河床铺砌，采用反滤土工布＋10cm粗砂＋10cm碎石＋30cm M10浆砌块石断面形式，以减少对高铁桥墩的影响。

（3）水泥搅拌桩分片实施，河道分片、分层开挖，每层开挖深度不超过50cm。在施工中进行动态监测，每一层土开挖后，待监测数据稳定后再进行后续开挖。

4 结束语

通过对宁杭高铁、湖杭高铁桥梁的曹家横港河道开挖及铁路维护的方案研究、有限元计算及实测数据分析，可得到如下结论。

（1）对于铁路建设中的涉河涉堤补偿工程，宜在铁路建设过程同步实施，对于因铁路建设影响而实在无法完成的，可以在铁路静态验收甚至通车后实施，但遗留的工程量要尽量少。

（2）涉河涉堤补偿工程，尽量由地方政府直接实施，以提高工程管理效率。作为施工单位选择，尽量选择铁路的施工单位，这样便于协调铁路工程建设与涉河涉堤工程建设的相互配合。

（3）对于深厚软土地的涉河涉堤工程，采用水泥搅拌桩进行荷载置换，并配以隔离桩，对铁路的保护效果更好，而且工程建设成本低。

参 考 文 献

[1] 丁任盛.临近堆载对深厚软土桩基影响的现场试验研究[J].铁道科学与工程学报，2015，12（2）：291-296.

[2] 李金刚.铁路工程建设施工管理存在的问题和策略分析[J].消费导刊，2020，(6)：25.

铁路工程造价的管理与控制分析

湖杭铁路有限公司　李江涛

摘　要　应我国国有企业深化改革的要求,铁路建设由单纯的国家投资逐渐体现为多种投资形式共同发展的趋势,投资市场的多样化带来了造价管理上新的问题与变化。本文分析了影响铁路工程造价的因素和造价管理存在的问题,提出了铁路工程造价管理的对应策略,对提高铁路工程项目综合效益具有一定的促进意义。

关键词　铁路工程　造价　管理　控制

随着我国市场经济建设与多种经营模式的发展,铁路逐渐也打破了单纯靠国家投资经营的模式,国有铁路为主把握国计民生命脉,地方铁路为辅解决企业生产需求的共同发展模式逐渐形成,这样就带来了在造价上产生偏差或是波动的问题,完善造价管理体系,是保障铁路建设领域、国家经济秩序的重要措施,须引起充分的重视。

1　铁路工程造价管理的内容

在铁路施工建设的过程中,应重视造价管理,以促进工程的正常推进。铁路工程的造价管理涉及到土地市场、设备市场、技术劳务市场、承包市场等多个方面内容。造价的数据一般指的是工程承包商通过招投标,投资者、供给方、建筑商等共同认可的价格。做好铁路工程造价管理,也是铁路系统企业改革的重要内容,关系到企业管理的科学化与规范化建设,更关系到铁路建设质量,关系到国计民生的重要问题。

2　影响铁路工程造价的因素

2.1　自然因素

自然因素主要是指铁路工程建设中由于自然条件的影响,造成的造价波动

与变化的情况。一是地理条件、地形条件、水文环境情况等对造价的影响,如不同的地形条件决定是否需要架设桥梁,是否需要挖掘隧道等,工程造价明显不同;二是不同气候条件对造价的影响,如一些辅助设施的修建南北方不同气候条件下存在差异,辅助设施的前期设计、修建以及后续的养护等都不尽相同,在建设与使用中,往往还要再完善,形成了新的造价问题。

2.2 政策因素

对于铁路工程项目这种大型的涉及到庞大金额和多方参与的工程项目来说,对于造价,政策因素的影响十分关键。一是铁路工程项目建设招商引资上的政策。对于国家铁路、地方铁路等不同功能铁路的建设,招商引资、铁路承建的要求不同。客运专线、货运专线等不同用途的铁路项目,招商的要求也不同,因此,工程造价不同。二是资金的信贷政策。铁路建设时间长,对于大额的资金运转,一定会产生垫资、信贷的问题,贷款或债券利息的波动,最终会影响铁路工程建设合同履行、产生额外利息、超期赔付等问题,这些都是影响铁路造价的因素。

2.3 人的因素

铁路造价的影响,人为因素十分关键,在工程前期的调研、设计,技术的选择、材料的采购、施工的质量等问题都影响着铁路造价。一是决策问题。铁路建设前期的决策,以及各个环节的过程决策是铁路造价管理的关键,经济行为的分析必须要以十分科学严谨的数据作为支撑,进而给决策者提供可靠的决策依据,决策者本着科学适用、实事求是的原则去决策,一旦决策失误,会造成铁路建设的巨大损失。二是调研质量的问题。建设前期的预可研报告和调查分析的调查,需要严谨与详实,预可研的专业程度与严谨程度决定了工程施工是否能够正常推进与交付以及指导决策部门对项目立项进行决策。但在工作落实中,往往工程可行性研究质量不高,估算不准,从而影响工程造价。三是管理质量有待进一步提升。对各个层面的监督检查、考核管理不够精细,对成本管理、材料采购、廉政风险防控等方面较为薄弱,管理质量的高低会造成铁路造价上预算与实际费用的差异,甚至产生较严重的问题,无法弥补。

2.4 市场因素

市场对于铁路工程建设原材料使用费用起着决定作用,一般来说铁路工程工期长,使用设备、原料的量大,材料购买不可能一步到位。因此,钢铁、水泥等原材料的价格波动对于铁路工程造价来说影响很大。一是原材料市场价格波动对铁路工程项目管理有影响。二是劳动力的价格也有影响,不同的地区、时间、劳动力供需关系等都对劳动力成本产生影响,甚至差别很大。三是金融市场的波动。资金对于工程影响很大,融资、借贷链条是否正常也影响着造价。

2.5 建设区域经济发展程度

铁路线路经过区域的经济发展程度对造价也有一定的影响,例如东西部的差距,这些差异最直接的反映在征地拆迁费用上。经济相对发达、人口密集区域,修建铁路时,相应的征地拆迁造价肯定比经济相对落后、人口稀少区域低。

3 铁路工程造价管理存在的问题

3.1 造价管理不够精细

铁路建设作为国家的重点工程项目,无论对于投资方还是承建方来说,对造价问题都没有充分的重视,尤其是对于国家建设的铁路,投资方和承建方都是央企、国企,对于资金的投入预算与测算都不够精细。注重工程质量与结果的同时,没有把造价的控制放在较高的位置来看。一是招投标阶段的标底控制不够细致。主要是由于对于工程没有建立在科学细致的分析的基础上,预可研报告不能有效反映实际的造价水平,没有更多的对比方案去比较。通常情况下,标底的依据以及一些数据的测算往往以概算为手段,测算造价并不够准确有效,最终费用和实际费用的差别很大,这样就会造成浪费,甚至导致一些工程质量上的偏差的出现。二是实际施工建设与预计的造价差别有出入,超概算的可能性多。由于概算设计的水平不够精细,造价方面的专业研究结合建设区域的深度精度都不够,就会造成实际花费和预计费用差别较大。另外,对于一些应该精算的部分不精算,对于不需要额外估算费用的方面进行了加码,反映不出真实的工程造价水平,造成了铁路建设项目中的标底不能真实反映工程的实际花费情况,造成了造价管理水平不够高。三是造价管理制度不够完善与细化。铁路作为庞大的系统,在铁路建设过程中,会遇到很多实际问题,这就要求,在管理过程中需要不断的细化与完善制度来保障,一些造价管理方面的制度建设不受重视,缺乏修订完善,就造成了制度上有缺陷,不够完善,尤其是目前项目出资结构的多元化,管理模式的多样性,造成了造价问题的管控出现真空地带,没有管理依据等问题。

3.2 专业人才匮乏

在铁路工程建设系统中,造价管理方面的专业人才不多,专业相对小众化,对于相关专业人才培养与专业素养的培养机制建立不起来,造价管理工作往往与建设工作脱节,懂理论的未必有实际工作经验,有实际工作经验的造价管理方面人才却缺少必要的铁路施工知识。一是铁路工程造价管理属于建筑、土木工程类专业学生的基础知识,对于造价来说又需要更为专业化的知识。因此,真正懂造价理论的人才未必有土建方面的工作经验,这造成了管理人员的实践经历缺乏。二是对相关人才的培养不够重视,相关造价管理专业人才的培养平台与机会较少,职业发展与规划狭窄。懂造价方面的专业人才未必懂铁路工程项目建设,企业内部没有专门的造价师培养机制,造成专业人才匮乏。三是工作中的认识与理解上有偏差,工作质量不够高。例如在设计中存在差、漏、错误和临时变更的情况。在调研中缺乏详细的调查与数据分析,在设计中缺少反复的研讨与审核,在施工中工程质量与成本管理的监督不够深入等问题。

3.3 造价评价体系没有很好的建立

对于铁路建设资源是否充分的利用,一些造价分配的方向是否合理,成本是否过度放大或缩小等问题没有评价评估体系造价管理,没有很好地发挥作用,造成了工程款往往投入过多或是过少的极端情况,导向与监督不够充分,最后造成资金浪费或是工程无法正常推进。如材料价差问题,全国铁路一盘棋,过渡指标化,考虑地区差异带来的造价差异不够充分。项目可研阶段造价指标采用的材料单价或多或少存在一定程度的失真,建设项目后评价时不能很好地反映项目建设成本,造价评价体系缺失。从长远来看,对铁路建设造价控制极为不利。

3.4 相关管理工作难度大

一是铁路建设周期长,不确定性因素多,管理难度大,铁路工程的造价会因

前期计划的改变而变更。设计与实际施工建设的差别越大,预算与工程的造价成本差别也就越大。同时,对施工中产生的偷工减料或是铺张浪费现象的管理存在漏洞,施工单位节约成本的积极性没有充分调动,会造成实际造价与预算的差别大或是工程质量的相应降低。二是突发问题的处理不到位。施工与设计之间往往会存在一定的差别,在大的目标不变的情况下,小的调整仍然需要重视,施工调整会影响到整体工程的推进与造价的提升。突发性事件的产生,会导致整体设计的更改,间接产生的费用需要有预算准备。三是人力资源管理需要不断地提升质量。劳动力成本的支出,要建立在科学的人力资源管理的基础上,在既有的工作人员构成的情况下,充分调动员工工作积极性,科学的绩效管理与薪酬发放,能够有效地在既有的人力成本支出基础上提高工作效率,节约时间成本,推进工程顺利运行,而铁路工程建设往往忽视人力资源管理环节,管理方式不够科学,间接增加了人工成本。

4 铁路工程造价管理的对应策略

4.1 重点做好工程前期的造价控制

一是细化前期造价管理方式。铁路工程仍要把住前期调研与设计工作中涵盖的造价控制的关口。要细化造价管理方案,避免多投人力、多投资金的粗放的造价管理方式,要把投入产出的效率作为工程建设管控的重点,真正起到造价管理在工程建设中的指导作用。二是充分考虑政策、自然、市场等因素。造价管理首先要对外部因素的考虑十分的充分,外部因素的影响往往不可人为控制,需要不断地在总结经验、充分的调查研究的基础上作出相对科学的预测和判断,要结合工程造价的特点进行分析,把外部因素控制到合理范围。三是做好设计与招投标等工作。设计阶段的质量与招投标工作的合理,是确保工程顺利进行的第一步,对施工采用设计方案、引进的材料、承建队伍技术、参建人员素质在招投标过程中进行有效控制,充分地依靠竞争机制来优中选优。

4.2 做好建设中的质量管理

一是做好人力资源管理工作。对人的问题进行科学管理,做好作业指导、培训、绩效管理等工作,让各项工作落到实效上来,有效促进员工的素质提升与工

作质量提升,提高工作效率,有效的控制人工成本。二是控制工程质量,以工程质量的提升促进造价的科学管理,需要将施工计划严格执行,项目工程的施工环节中,相关工作人员需要对现场的施工进行严格管理,对施工图纸严格执行,还需要熟知工程造价的变化,相关工作人员对材料价格的合理性进行鉴定,关注市场行情的变动,通过合理的使用资源和提升施工质量来节约工程造价。

4.3 做好项目竣工阶段的相关工作

一是做好工程验收工作,对于工程质量要进行全过程的盯控,根据项目工程的标准,对所做出的工程量进行检查,对工程项目预算严格控制。二是严格审核造价问题,造价要在既定的方案下,实事求是、厉行节约的原则下,避免造成资金浪费问题。三是做好既有合同的履行工作。对于是否出现超期赔付、质量不达标延误工期、资源浪费等情况,按照合同中的要求,做好兑现工作,进一步科学管理合同中提到问题,避免合同履行的风险造成的资金问题。

5 结束语

铁路作为国家重要基础设施,国民经济大动脉,其工程项目建设一直备受重视。目前我国高铁从技术水平与建设里程都稳居世界前列,每年的工程项目投资金额也十分巨大,相关工作者要严格控制其造价,提高项目的综合效益。

参 考 文 献

[1] 施桂兴.铁路工程造价管理工作中工程量清单计价的应用[J].智能城市,2020,6(8):120-121.

[2] 郭陕云.我国隧道及地下工程的历史机遇、发展困局及若干建议[J].隧道建设(中英文),2019,39(10):1545-1552.

[3] 陈阳.影响铁路隧道工程造价因素分析控制措施[J].中国设备工程,2020(7):232-233.

论轨道交通建设项目跟踪审计

湖杭铁路有限公司　曹大中

摘　要　目前高速公路建设领域跟踪审计工作开展较为普遍，能够在项目全过程生命周期起到很好的作用。轨道交通领域尚未开展项目跟踪审计，而传统的建设工程审计是一种事后监督的审计模式。然而，建设工程的实施是一个系统的过程，应进行系统的监督和管理，实现由传统的事后审计向全过程跟踪审计的转换是必然的结果。本文从三个层面分析了跟踪审计制度概况，并以湖杭铁路建设为例，研究了该项目审计开展情况，分析项目审计执行中存在的问题并提出了改善措施。

关键词　轨道交通　跟踪审计　全过程

1　跟踪审计制度概况

1.1　浙江省省级层面

在高速公路建设领域，浙江省交通运输厅、审计厅分别于2005年11月、2009年2月，联合印发《关于积极推进我省高速公路建设项目全过程跟踪审计的指导意见》(浙交〔2005〕333号)、《关于进一步加强和完善高速公路等省重点建设项目全过程跟踪审计监管的意见》(浙交〔2009〕23号)，明确全过程跟踪审计内容、重点环节、保障机制和具体举措，促进加强项目管理，控制投资成本、防范廉洁风险。但在轨道交通建设领域，一直未制订全面的跟踪审计管理制度。

1.2　中国国家铁路集团有限公司层面

中国国家铁路集团有限公司(以下简称国铁集团)于2020年印发《铁路建设项目审计办法》(铁审〔2020〕188号)，对审计组织、重点内容、工作实施及审计结果运用进行了明确，规定国铁集团内部审计机构负责实施铁路建设项目审计工作，并要求在编制年度铁路建设项目审计计划时，将重点投资项目和社会关注度较高的项目,作为铁路建设项目审计重点,并可根据实际需要实施跟踪审计。2017 年印发《关于进一步加强铁路建设项目征地拆迁工作和费用管理的指导意见》(铁总计统〔2017〕177 号),明确对征地拆迁总费用核定及重大单项征地拆迁事项,建设单位可委托第三方审价单位审价,并出具审价意见,对征地拆迁资金流向和支付情况进行监督。

1.3 浙江省交通投资集团有限公司层面

2018 年 10 月,为充分发挥跟踪审计作用,浙江省交通投资集团有限公司(以下简称集团公司)制定了《关于规范交通建设项目全过程跟踪审计管理的实施意见》(浙交投〔2018〕329 号),明确跟踪审计单位、项目建设单位、集团公司相关部门的工作职责,规定对跟踪审计单位的考核评价内容,制度适用于公路、铁路建设项目。

2 跟踪审计开展情况

2.1 自建项目跟踪审计工作情况

2.1.1 招标选聘

项目通过公开招标方式,确定跟踪审计单位,服务内容包括征地拆迁费用和工程结算审核、竣工结算咨询审计等。

2.1.2 日常管理

对公司组织编制的工程竣工财务决算报告进行审核,出具审核报告。项目建设期开展了工程过程审计(价)、工程财务审计、竣工决算审计相关工作。

2.1.3 严格驻场要求

项目严格合同管理,督促跟踪审计单位按照约定,组建审计项目组,配备合格专业人员并进行履职人员资格审核,做好日常考勤管理。

2.1.4 落实工作机制

项目下发工作联系单,明确时间和工作要求,督促跟踪审计单位,及时完成工作任务并按要求提交审核成果。同时,建立工作周报制度、重大问题报告制度、工作例会机制,及时掌握工作进展,协调总体进度,解决存在问题,保障审计审价质量。通过验工计价系统,加强审核监督,限定审价时间,督促跟踪审计单位,第一时间组织已完工程量的确认,及时完成工程审价,提高工作质量。

2.1.5 开展考核评价

项目由合约部牵头,工程部、机电部、财务部、综合部共同参与,每季度对跟踪审计单位进行考核。考核结果经公司领导审批后,作为审计服务费用支付依据。

2.1.6 工作成效

(1)投资成本进一步降低。跟踪审计单位认真履行审核职责,按时出具工作成果,有效降低工程成本。收集整理征地拆迁政策,认真审核征地拆迁资料,积极开展沟通交流,督促相关单位落实整改,促进规范征地拆迁管理。

(2)项目管理进一步加强。跟踪审计单位响应建设单位要求,发挥专业优势,协助开展工程及财务咨询、检查等工作,促进完善内控制度,提高项目管理水平。项目跟踪审计单位,协助公司开展全线财务检查,并出具财务检查报告,有效规范施工、监理单位财务行为。在公司组织下,跟踪审计单位开展疫情防范专题培训,提高公司疫情应对能力;举办调整概算专题培训,促进做好后续调整概算工作。

(3)项目风险进一步控制。跟踪审计单位全过程参与工程例会、碰头会、变更内审会、评审会等工程会议,及时掌握工程实施整体情况,从专业角度分析问题和风险,提出防范化解建议,做到事前预警、事中控制、事后无纰漏。对审价过程中的阻碍和困难,第一时间进行通报,并开展原因分析,提出解决方案,促进项目风险得到有效控制。

2.2 代建项目跟踪审计工作情况

根据代建协议,建设项目公司负责征地拆迁和竣工财务决算工作;代建单位负责实施和管理项目建设,对外招标选定施工单位并签订工程施工承包合同。除国家和国铁集团有关规定需要调整的费用外,Ⅰ类变更设计代建方初审后报项目公司审核;Ⅱ类变更设计由代建方负责审批后抄送项目公司。

目前代建项目已开展财务(征地拆迁费用)审计;工程过程审价由代建单位招标选聘;竣工决算审计暂未启动。

2.2.1 招标选聘

通过招标方式,确定征地拆迁审价单位,服务内容包括征地拆迁范围内实物量及地面附着物数量和费用的审核，征地拆迁费用的验工计价办理和结算审核，征地拆迁费用的概算清理及政策咨询等工作。其他审计(审价)工作由国铁代建方负责招标实施。

2.2.2 日常管理

根据代建协议约定职责，项目公司对征地拆迁费用跟踪审计单位进行管理并支付相关费用。

2.2.3 工作成效

在项目工可阶段就组织开展征地拆迁全过程审价工作，提前摸清、化解征地拆迁中重难点问题，促使铁路在建项目快速推进。此举在浙江省内、集团公司内、上海铁路局管辖范围内，均属首创，意义重大。

代建项目通过第三方审价单位专业审核把关，促使地方指挥部严格执行征地拆迁包干协议，按照约定的支付方式、时间和金额拨付征地拆迁款项，有利于项目征地拆迁费用的控制。

3 存在的问题

3.1 配套制度尚需完善

省方主导的铁路建设项目时间较短，省级层面对全过程跟踪审计工作较公路项目制度不够健全。目前，铁路代建项目中，除财务(征地拆迁费用)审计由项目业主主导，工程全过程跟踪审计主要以审价方式开展，由代建单位牵头实施。

3.2 工作机制尚未理顺

按照代建协议，代建方负责工程建设管理和实施，负责审批验工计价和工程结算，由项目公司审核Ⅰ类变更设计，参与Ⅱ类工程变更设计，但在实施阶段主要由代建单位负责。工程跟踪审价单位主要由代建方选聘确定并管理。

3.3 审计工作覆盖面不够，推进成效不明显

集团公司代建铁路项目跟踪审价单位主要对变更设计、材料价差调整及竣工结算进行审核，一般不涉及施工过程中的验工计价，审核内容较为单一，全过

程跟踪审计尚未开展。

集团公司自建项目虽然开展了全过程跟踪审计工作,但因铁路建设工程复杂、专业性强、涉及面广,对跟踪审计单位要求高。目前,相关的跟踪审计刚刚起步,有经验的高素质审计人才缺少,审计质量有待提高。

3.4　审计费用无法落实

铁路建设项目,在初步设计概算中,没有安排审计费用,费用列支没有出处。

4　改善措施

4.1　健全制度体系

利用好三方审计协作平台,与浙江省审计厅、交通运输厅职能处室开展问题研讨,得到"两厅"支持帮助,争取省级层面出台轨道交通全过程跟踪审计实施意见,明确组织机制、职责权限、工作要求,为实施全过程跟踪审计取得制度遵循。

4.2　发挥信用评价作用

国铁集团的信用评价排名的高低直接决定施工、监理企业下半年度的投标中签率,是铁路建设项目管理的有效手段。建议实施浙江省内线性工程系统信用评价体系联合制,由浙江省发改、交通、住建、水利、机场、能源等联合开展信用评价,按照"归口检查,汇总通报,结果共用",各类工程招投标时执行。统筹浙江省内铁路(省内招标)、地铁、城际、公路、水运、市政、机场、能源等工程纳入评价体系。

4.3　理顺工作机制

建议项目筹建前期,集团职能部门积极同国铁集团沟通,取得国铁集团及其相关单位的理解支持,争取在投资协议中约定,由我方牵头实施全过程跟踪审计单位招标和管理,在验工计价和竣工结算方面增加第三方审计环节,明确审计监督职责,建立跟踪审计信息共享机制,提升跟踪审计成效。

4.4　开展审计试点

借鉴高速公路建设领域跟踪审计工作经验,在新建轨道交通代建项目中选

择一家,开展全过程跟踪审计工作试点,并加强经验总结分析,待条件成熟后再逐步推广。

4.5 强化审计管理

完善项目概算编制审核,落实跟踪审计工作经费,保障跟踪审计顺利实施。公开招标选聘审计中介机构,强化日常考核监督,提高跟踪审计工作质量。

5 结束语

总之,相关工作者要结合实际工程阐述项目中施工阶段工程造价跟踪审计的实施情况,并对施工阶段的工程造价跟踪审计风险进行分析,针对各项风险提出应对措施。

参 考 文 献

[1] 中华人民共和国国务院办公厅.政府投资条例:中华人民共和国国务院令第712号[Z/OL].(2019-04-14)[2021-03-15].https://www.gov.cn/gongbao/content/2019/content_5392291.htm.

[2] 中华人民共和国财政部.基本建设财务规则:中华人民共和国财政部令第81号[Z/OL].(2019-04-14)[2021-03-15].https://www.gov.cn/xinwen/2016-05/06/content_5071027.htm?eqid=ff328e08000225bd000000026459c357.

铁路工程项目施工风险管理研究

湖杭铁路有限公司　冯　林

摘　要　随着我国铁路建设水平的全面进步，铁路工程项目备受国际瞩目，不仅有国内的重点建设项目，国外的铁路建设订单也越来越多。抓好铁路工程项目的施工风险管理，对铁路建设的质量、铁路安全以及我国铁路品牌效应来说都十分重要。本文分析了铁路工程项目施工风险类型及特征，研究铁路工程项目施工风险控制的策略，提出强化铁路工程风险控制的相关建议，对保证铁路建设的顺利、高质量推进具有一定促进作用。

关键词　铁路工程　项目施工　风险　管理

近年来，中国高速铁路实现从无到有，目前高铁在建设里程、质量、科技、服务上都处于世界领先地位，成为了国家名片。截至2022年底，全国铁路营业里程达到15.5万km，其中高铁4.2万km，稳居世界第一，而且在新时代十年，全国铁路营业里程增长58.6%、高铁里程增长351.4%，建成世界最大的高速铁路网和先进的铁路网。高风险的铁路工程项目涉及面广，参建单位多，建设周期长，占用资金巨大，施工过程中面临的施工环境较为复杂。在铁路工程项目施工过程中，发生事故的概率较高，开展相关的风险管理研究，有利于降低事故的发生概率，有利于项目施工主体做出更加科学的决策，进而提高工程项目各方的风险管理意识和能力，从而实现控制风险，优化资源配置，并减少人员、财产的损失，推动铁路工程建设科学、协调、和谐、可持续发展。铁路工程项目的施工风险管理研究，对服务经济社会发展，具有十分重要的意义。

1　铁路工程项目施工风险类型及特征分析

风险管理按照成因分类，可以分为外因造成的风险与内因造成的风险。外因造成的风险主要是指自然灾害、政策原因、经济波动等不可抗力或是宏观因素造成的风险。内因造成的风险主要有经营风险、技术风险、操作风险、合同风险等等。

1.1 自然环境风险

自然环境风险主要指的是在既有的设计方案的前提下，由于特殊气候或是自然灾害给铁路工程项目建设带来的威胁，对是否能够按期交付，是否能够达到既定目标，是否能够按照设计方案建设等的风险。这样的风险带来的危害很大，往往决定了项目是否能够正常推进，项目质量是否能够达标。

1.2 政策性风险

政策性风险主要是在大的政治、经济的环境下，项目必须受宏观因素的调控，例如国家的经济金融环境的变化，在缩紧政府开支的情况下，有可能造成工程项目资金的短缺，造成项目的中断等。再如，对参建企业的限制，小额贷款的限制等，都会对铁路工程的正常推进产生影响。

1.3 经营风险

铁路企业作为老牌央企，常被人称为"铁老大"，其与一些大型国企一样，存在管理不够科学、经营过于粗放等缺点。随着国有企业改革的深入，铁路企业在企业化改革的路上做了很多尝试，也取得了很大的成绩，铁路经营模式影响深远。但是从铁路建设市场的角度上看，其经营模式对于风险的把控与预防都还有进步空间，经营上的不够科学本身对铁路建设来说就是风险。另外，资金不足、资金配置不合理、资源没有统筹好等，都属于经营上的风险，带来的问题与损失是显而易见的。

1.4 技术风险

我国铁路建设目前正处于快车道，甚至领先于世界其他国家，但是在技术的更新、提高上还略有欠缺，现有的技术达不到既有目标的要求是建设中的一项隐患。我国当前高铁建设，虽然基础技术较为成熟，但是对于一些技术难点，仍处在探索阶段。因此，铁路工程项目无论在调研、设计、施工阶段，还是在后面的使用维护中，涉及到技术不足的问题，都会对铁路事业的发展带来风险。在铁路项目建设施工中，技术的不成熟就会造成质量的不达标，既浪费成本，又耽误工时，最终造成损失。

1.5 操作风险

操作风险主要是人为的风险,建筑施工中,能否顺利推进,人的因素占比很大,人的决策失误、设计中的考虑不周、施工中的操作失败、监督审核中的敷衍了事,甚至一些违章违纪的现象,给工程项目的有序推进带来了难以弥补的损失,都属于操作风险的范畴。因此,做好人的管理,提高人的素质,是建设施工质量的保证。操作风险往往被人们忽视,但是其危害很大,且风险属于积少成多、积重难返的问题,不容易被及时发现。

1.6 合同风险

在签订合同之前,由于缺乏科学的推敲和调研,合同签订有漏洞,对某方构成了一些风险,从合同签订时就埋下了隐患。另外,铁路工程建设项目往往工期长,涉及的企业多,占用的资金大。因此,影响工程正常推进的因素有很多,铁路工程延期交付的事情也很多见,以前误期的损失不容易追究或是不追究,但当下随着我国法治建设加速,履行合同约定条款也越来越规范,不遵守合同的要求,就要做出赔偿,在一定程度上降低了风险。

对于上述风险种类,都是铁路工程项目建设施工中常常遇到的。从其特点上看,有几个特征,一是铁路工程项目建设受到宏观与微观环境的影响明显,风险会呈现多头出现的状态,不容易防范。二是风险对铁路建设会造成很大的损失,由于铁路建设是庞大的工程,因此,任何一项风险,都可能会造成经济上的重大损失。三是风险控制需要专门的分析与管理。对于多种风险,需要专业的人去监督与检查,及时发现,及时解决,把问题消灭在萌芽。

2 铁路工程项目施工风险控制的策略研究

2.1 前期做好充分的调研,以应对宏观环境的风险

对经济形势与政策走向,要有充分的准备与判断,对铁路项目工程建设中可能会遇到的各方面的政策规定都摸清楚,比如是否有规定会对工程有一些建设限制,是否有政策会对工程的经济效益产生影响,是否会有一些政策影响到工程的施工进度等。因此,需要应对好政策,做好充分的调研十分重要,要明白政策

对工程的限制，例如贷款等金融政策、环保政策、生态保护政策等，要将对政策的调研作为前置的考虑问题，写在预可研报告前面。

2.2 做好应急处置预案，以应对突发事件

对于极端天气、地质灾害等影响，对于工程进度与施工质量有很大的影响。因此，在做预可研报告、设计方案、施工计划时，要加强对应急处置的研究。要有专门的应急管理小组，对突发问题、事件进行详细的分析与预判，多设计应急处置方案，平时要加强应急处置能力的培养以及应急处置培训的管理，提高培训质量，增强人们对隐患与风险的警惕性，遇到紧急情况会处置，遇到突发情况，能够不拖沓，及时的处理问题。确保紧急情况下避免损失或是减小损失。

2.3 提高科学管理手段，以提高管理与监督的有效性

铁路单位作为大型、老牌央企，在计划经济时代，体现了集中力量办大事的优点。但是在当前新的经济发展形势下，深化企业改革，推动科学管理体系的建设是当前的重要任务。对于风险管理来说，风险的产生往往是出在细节上，因此，改变粗犷的管理手段，推行科学管理与战略管理，对风险管控来说十分重要。一方面要建立好科学的ERP管理体系，将人、财、物有机地结合在一起，全方位地管控，实现资源的合理调配，人的有效管理以及技术的创新提升。另一方面，要抓好制度的进一步完善，企业的制度是企业能否健康成长的关键与指引，企业出现的风险，从根源看就是制度的不完善，有的老制度已经不符合当前要求，有的制度之间互相矛盾，有的制度停留在表面，没有实际意义等，因此，要解决问题或预防问题的发生，首先要把制度的保障体系搭建好。

2.4 提高员工的整体素质，以减小操作风险带来的损失

一是提高员工技术水平。各个建设部门参加人员的技术水平决定了工程的质量与是否按期保质的交付。员工的技术水平的提升，能够大大地减少隐患风险的存在概率以及发生损失的概率。二是要提高员工的责任心，对于不符合要求的操作要能够及时发现，坚决指出改正，每个人的工作状态与工作质量要做到提升，进而确保各个环节的工作不出问题，有效地避免操作风险带来的损失。

建设施工篇

2.5 深化国有企业改革，以建立科学的经营模式

科学的经营模式，首先要改变既有的观念，要解决国企人浮于事的问题，实现劳产率的提升。在金融手段上，要运用好金融工具，与时俱进，做好资金的流转。在处理风险时，要降低风险带来的损失，要能够中和风险问题，也要规避与转移风险，都需要科学的经营模式来实现，要让自己在市场竞争中去磨炼，去符合时代的要求与市场的要求，进而提升铁路企业在市场上的竞争力。

2.6 加强监督与审核，以避免违法乱纪带来的危害

加强监管部门、纪检组织的作用，相关企业必须主动的接受同级与上级监管部门、纪检组织的监督，对于不符合程序的行为、违规违纪的行为，要坚决杜绝，对于类似的问题，要举一反三，做到绝对不碰触红线，对于身边的不良风气，要主动维护正常的政治生态，做到权力在阳光下运行，避免由于违规违纪、贪腐对工程带来重大影响。同时，要加强法制建设与法律对企业的规范管理。对于现代化企业，要做到综合治理、科学管理，在法律下开展工作，于公于私都不能去碰触法律底线，造成工程的违规与停产，给国家带来重大损失。

2.7 做好问题处置，以降低合同风险带来的不良影响

合同风险主要是存在逾期不能交工交付的问题，一方面是实际工期产生的拖沓逾期的现象，另一方面是资金不到位，造成了工程中断等现象。因此，要在合同的编写和履行上，做好预判与处置，最大程度的规避风险与转移风险，做好各方面的协调，共同推进工程的正常运行与高质量完工。

3 强化铁路工程项目风险控制的建议

3.1 加强专业化的风险控制团队的构建

铁路工程项目涉及的部门单位多，虽然各项风险事出多头，需要所有部门都要树立起风险防范意识，但是如果缺少专门的管理控制部门与人员，风险管控就没有计划，不成体系，事前管理、预防为主、全过程盯控的理念就无从谈起。因此，在涉及工程项目的铁路工程相关企业，建立独立的风险防控部门，建立专业

的风险防控管理队伍,能够让风险管控成体系,让风险的检查评估等更专业、更严谨。

3.2 利用好信息化的管理与分析体系

工程项目涉及的数据多、事项多,一些潜在的隐患需要事先进行分析而得出。风险管理也要依靠详细的,科学的档案库与信息管理系统来分析来管理,最终实现人防与物防的结合。一方面要探索计算机软件系统,自动化、智能化的管控风险,做到实时监督与超前预警。另一方面,要提高风险控制管理人员运用新设备、新技术的能力,要使人员的技术水平与理论水平跟得上风险防控手段的发展。

3.3 重视风险识别和评估

风险控制的重点在前期,科学的风险识别和评估,可以起到预防风险,提前消灭风险的作用。主要通过建立初始清单、专家调查、风险成因分析、统计学方法等进行识别与评估,对风险容易产生的环节,对风险的权重做好分析,即便产生了风险,也要做到化解危机、中和损失、减少损失的作用。因此,要重视工程前期的各项准备工作,进而达到事半功倍的效果。

3.4 加强风险管理的投入

提高对风险管理的重视,也要投入精力与财力,在工程的全过程中都要建立起健全的监督体系,监督的体系与风险控制体系并不冲突,甚至要在风险管理的体系下进行监督,包括安全、工程质量、资金安全等。因此,要保证风险管理有效的发挥作用,就要加强在人力、物力上的投入,就要提高对风险管理的重视程度,开发有效的信息化系统,建立健全闭环管理体系。

3.5 加强对风险管理方面技能的培养

一是要加强专业管理团队的培训与培养。按照铁路工程施工的特点,强化施工中问题的发现与解决能力的培训,风险管理团队在管理方式上要专业,对政策与专业都要精通,要从专业技能人员中培养与发现优秀人才。要对问题有前瞻性,同时要借助好数据分析的手段,做到既依靠经验又依靠先进的技术。二是

要加强全员的风险意识的培养,在各类培训中将风险控制的内容加进去。建立人人都要防范风险、监督违规问题、及时发现隐患的良好氛围,做好信息沟通,有问题反馈渠道,也要有回复与解决渠道,做到风险管理的闭环,不能对问题放之任之,更不能对问题一查了之,必须解决问题,并且适时地复查,把隐患扼杀在摇篮。

4 结束语

综上所述,铁路工程项目施工风险管理对于整个工程来说,是工程正常推进,质量有效提升的保障。风险管理作为管理的一项重要的内容,越来越被人们所重视,铁路建设相关企业,要与时俱进,深化改革,改变既有的管理模式,提升风险管理的权重与位置,建立科学全面的管控体系。只有如此,才能够保障风险的有效控制,进而保证铁路工程项目建设的顺利、高质量推进。

参 考 文 献

[1] 孙永福,唐娟娟,王孟钧,等.绿色铁路工程的内涵探析与研究展望[J].铁道科学与工程学报.2021,18(1).1-11.
[2] 解亚龙,李琳,郑心铭.铁路工程管理平台及其深化应用[J].铁路计算机应用.2020,29(1):49-54.
[3] 戴海燕.铁路工程施工项目成本管理分析[J].住宅与房地产.2019(36):39.
[4] 熊超华.EPC模式下铁路建设项目总承包商风险防范分析[J].铁路工程技术与经济.2020,35(5):42-45.

高铁工程建设中防疫措施及进度控制

湖杭铁路有限公司　邬振宁　章莉莉

摘　要　湖杭铁路属于国家重点交通项目,为尽量减少疫情对项目建设的影响,湖杭铁路有限公司时刻绷紧疫情防控这根弦,联合代建单位和施工单位,落实落细疫情防控要求,牢牢筑起湖杭建设的"防疫墙",实现工地全线"零感染",并成为2020年浙江省内首个复工复产的铁路工程建设项目。本文详细介绍了湖杭铁路建设期间的各项防疫措施,有效保障了工程建设进度。

关键词　亚运会配套　疫情防控　项目建设

新建湖州至杭州西至杭黄高铁连接线(以下简称湖杭铁路)属于国家重点交通项目,是杭州第19届亚运会重要配套保障工程。项目自北向南跨湖州市、杭州市7个县(区),线路全长137km。湖杭铁路于2019年底全面开工建设,为确保能在2022年亚运会前建成通车,项目建设工期由42个月调整为33个月,工期缩短整整9个月,时间之紧迫在全国高铁建设史上屈指可数。2020年春节前,突如其来新冠疫情席卷全国,对项目建设推进带来极大挑战,对参建人员生命安全造成巨大威胁。三年中,湖杭铁路有限公司(以下简称公司)时刻绷紧疫情防控这根弦,联合代建单位和施工单位同心抗疫,以强烈的历史担当和强大的战略定力,因时因势优化调整防控措施,高效统筹疫情防控和项目建设,牢牢筑起湖杭建设的"防疫墙",于2022年8月如期建成通车。

1　精准施策,织密疫情防控网

打赢疫情防控阻击战,组织力是关键。湖杭铁路全线25个参建单位,145个工点,230个班组,高峰时期参建者多达2万余人,分布在项目137km沿线,战线长、情况复杂。在边抗疫边建设的过程中,项目组织力经受住了考验和挑战,实现施工人员零感染,施工现场零疫情。

1.1　凝聚疫情管控工作合力

全面加强组织领导,面对疫情挑战,公司联合代建单位沪昆公司成立疫情防

控领导小组,贯彻落实上级关于疫情防控的决策部署,全面领导和指挥疫情防控工作,共同编写《项目复工疫情防控操作指南》,把疫情防控的各项措施要求延伸到项目工地的每一个角落,做到严防输入、内筑屏障、心中有数。随着疫情进入常态化阶段,根据防控重点,联合发文规范防控要求,守好工地"小门"、筑牢防疫"大门"。

1.2 建立"网格化"疫情防控机制

1个指挥部、25个综合网格、150个小网格,各网格设立一名疫情防控专员,确保将疫情防控主体责任压实到各施工单位、分部,细化到各班组、个人,横向到边,纵向到底,编织起来的一张庞大而精密的防控网,通过体系的建立,成功打通防疫"最后一公里",筑牢项目疫情防控的坚强堡垒。

1.3 有效强化组织管控

全面实行封闭管理,切实完善建筑工人实名制考勤管理,确保应考尽考,按照"谁的人谁负责"原则,加强对在外居住工人和流动班组的旅居史筛查及询问登记,最大程度管好"人头"。搭建疫情信息沟通渠道,每日统计上报疫情防控信息,全面掌握各工点的人员情况。定期有序组织全员核酸检测,有效健康监控。实时更新《疫情防控应急处置方案》,开展应急演练,提高应急处置能力。

2 科技赋能,实现防疫智慧管控

打赢疫情防控硬仗,离不开科技力量的有力支撑。对2万余名参建人员的有效管控,考验着项目公司的管理水平,而数字化工具成为了项目高效快速管理的"利器"。

2.1 充分利用疫情复工管控平台

利用由浙江省交通投资集团有限公司牵头开发的疫情复工管控平台,第一时间把全线参建人员返工及健康信息录入平台,每天定时进行健康打卡,填写体温情况,掌握工人每日身体健康状况,通过大数据点对点精准盯控全线上万名工人身体状况。运用短信提醒功能,第一时间传达重要信息,防控要求,减少管理环节。

2.2 创新建设湖杭铁路"智慧工地"

针对疫情实际情况,在湖杭铁路"智慧工地"建设中创新开发人员管理模块,通过使用图像识别、人员定位、大数据分析等手段,实时定位施工人员活动范围,追踪并记录作业人员位置,建立自动化、信息化、智能化的现场人员管理系统,将工程人员管理从"封闭式管控"向"精密型智控"转变,为项目有序复工以及大规模建设织好"防护网"。

2.3 高效开启"云模式"办公

疫情防控的形势下,征地拆迁、管线迁改等需与地方沟通协调的事项成为湖杭铁路推进中新的"拦路虎",为确保疫情不"隔离"项目推进,公司通过云办公、云对接、云协调等,多措并举,硬核推进,及时消除疫情防控和复工复产的各类问题,不断促进各项工作有序开展,实现了土地征迁和管线迁改的"湖杭速度"。

3 加大协调,破解项目推进难题

疫情期间,项目沿线属地针对疫情防控采取了一系列限制措施,交通管制、原材料运输受阻、项目人员进入难、上海援建项目人员返杭限制、涉疫人员隔离等问题陆续呈现。公司创新工作思路,坚持问题导向,加大复工要素保障协调力度,强化政府协调,争取地方支持,逐个破解问题。

3.1 构建"共建共管"联合推动

铁路部门和浙江省联合成立湖杭铁路建设推进联合领导小组,高层领导定期会商、督查进度、破解难题,为项目加快建设"保驾护航"。在浙江省发展和改革委员会(以下简称省发改委)的牵头下,成立湖杭铁路工作专班,采取工作任务清单化管理,责任到人,一周一例会对标推进,为湖杭铁路站前无障碍施工提供了良好的环境。定期召开与沪昆、西站枢纽三方每月协调例会、工程月度平推会、西站站房半月度推进例会,共同研究破解一系列建设难题。

3.2 开辟专项绿色通道

以问题为导向,加强政府协调,争取地方支持,联合浙江省发改委、浙江省防控办专项制定《关于保障湖杭铁路按期建成通车的疫情防控专项实施方案》,实行物资运输车辆通行专项申请,持证车辆无障碍通行;加大物资供应,协调指导加强生产;落实新增用人保障,明确报备程序,确保符合人员快速投入工程建设,创造"物畅其流、人畅其行"良好条件。

3.3 打通物资供应链

主动对接,积极争取浙江省自然资源厅、征地与资源交易中心支持,寻找优质矿源,协调地方政府,湖杭铁路所需矿石骨料,在严格按招拍挂程序公开产生采矿权人前提下,按"定量、定价、定向"原则,推动湖杭铁路砂石料等稳价保供工作,确保疫情期间项目建设所需。

4 有效监督,建立防控包保制度

为扎实推进疫情防控落到实处,公司纪委始终坚守职责定位,把监督放在前面,坚持疫情防控部署到哪里,监督检查就跟进到哪里,压实压细主体责任,督促落实疫情防控各项措施,以精准有效地执纪监督,推动各参建单位履职尽责,确保疫情防控各项工作落实落细。

4.1 疫情专项督导常态化

为进一步压实责任,公司积极发挥监督作用,牵头成立以领导班子成员为组长的六大疫情防控督导检查组,对照疫情督查清单、采取"四不两直"的方式,实行包保式每周2组轮流循环对各参建单位开展疫情防控检查,重点指导、督促各包保标段做好项目施工组织、安全质量管控、综治维稳保障、信息宣传推进等重要工作内容。在各自尽职尽责坚守阵地的基础上,统筹项目各标段纪检监督力量,将监督触角延伸至项目一线。项目各标段设一名疫情监督专员,对标段疫情防控情况进行每周2次的检查。

4.2 日常检查与防疫检查双融合

将管工程就要管防疫纳入一岗双责范围,把疫情防控检查作为工程管理、安全质量监督、资金督导、专项整治行动等检查考核的重要内容之一,切实指导各参建单位从严从细落实各项疫情防控措施,齐心协力共同防疫。

4.3 问题整改落实不放过

按照"原因不清,责任不明,纠正措施不落实"三不放过原则,针对督查中发现的亮码测温未严格落细、台账记录欠规范、宣传氛围不浓厚等共性问题,通过及时提醒严明防控纪律;针对个性问题,通过发放工作联系单、约谈标段负责人督促督改,倒逼疫情防控责任落实落细。对存在问题定时开展"回头看",确保问题真改细改,真正把疫情防控督查工作落实到位。

5 结束语

湖杭铁路一手抓疫情防控,一手抓项目建设,以攻坚克难的奋进状态实现两手硬、两战赢。通过把好防疫关口、落实防疫措施,组织参建人员正常施工,推动各标段加足马力,保障项目建设有序进行。鏖战73天完成了6条500kV超高压电力迁改的任务,为湖杭铁路站前无障碍施工提供了良好的环境,创立了超高压电力迁改的"湖杭样板"。全线33座隧道提前3个月实现隧通,正线路基提前1个月实现路通,正线预制梁提前1个月完成架设,全线铺轨提前15天实施。2022年9月项目依法、高质量开通,工期提前了9个月,创造了高铁建设的"湖杭速度"。

参 考 文 献

[1] 阮友华.疫情常态化防控背景下建设工程防疫费计价的建议[J].审计月刊,2021(10):42-43.

[2] 赵磊.新冠疫情引发的施工项目损失及分担研究[D].北京:北京交通大学,2021.

[3] 吴亚君.高铁服务供给对中国区域创新合作的影响研究[D].太原:山西财经大学,2021.

[4] 支耀周.地方政府在高铁建设中的职能研究[D].苏州:苏州大学,2021.

[5] 傅芝艳.高铁开通对我国沿线城市产业结构升级影响研究[D].昆明:云南大学,2021.

科学管理篇

代建模式下高铁建设管理关键要点及体会

湖杭铁路有限公司 何寨兵

摘　要　为了提高政府投资项目管理水平和投资效益,多地出台了《政府投资项目代建制管理办法》,通过代建单位的专业化管理来严格控制建设项目的投资。本文以湖杭铁路建设为例,分析了代建模式下高铁建设管理的关键要点,并对代建模式提出建议,对铁路工程建设项目的代建模式具有借鉴意义。

关键词　代建　高铁　建设管理　要点

当前,在国家政策背景下,为降低政府负债率,铁路建设也在不断进行改革,铁路干线主要由中国国家铁路集团有限公司(以下简称国铁集团)控股投资建设,铁路支线及省域城际铁路由各省控股或全资投资建设,这就出现了省控股或全资铁路建设由国铁集团下的铁路局或直属建设公司代建模式,如何发挥铁路建设优势,降低国铁集团建设投资成本成为须重点研究的问题。湖杭铁路由浙江省交通投资集团有限公司控股投资建设,国铁集团所属沪昆铁路客运专线浙江有限责任公司(以下简称沪昆公司)代建,目前,湖杭铁路已于2022年9月22日开通运营,通过近3年的代建,总结提炼出"共建共管"的代建模式,本文着重谈几点代建模式管理要点及体会。

1　主体工程管理

1.1　进度管理

根据代建协议,主体工程进度管理由代建单位沪昆公司全权管理,沪昆公司在进度管理方面有丰富的管理经验,进度推进快速,每月召开进度推进会,施工单位利用无人机航拍视频汇报每月进展,提出需业主和代建单位协调的问题,监理单位汇报质量安全进度,监督管理情况,针对会上提出的问题业主和代建单位当场给予答复或会后答复。通过沪昆公司强有力的推进,工期由42个月调整为33个月并如期完成。

1.2 对外协调

铁路工程建设对外协调是一项非常复杂而又涉及面广的工作,根据湖杭铁路有限公司与沪昆公司协商、湖杭铁路有限公司负责与地方政府、市、县(区)、铁路建设办公室、政府机关等单位的协调,沪昆公司负责与国铁集团、上海铁路局及其质量安全监督站等铁路内部单位的协调。

1.3 甲供物资设备管理

本工程甲供物资设备由代建单位负责采购供应给施工单位,湖杭铁路有限公司无权参与管理。沪昆公司根据铁总物资〔2015〕117号文发布的《中国铁路总公司关于发布〈铁路建设项目甲供物资目录〉的通知》采购,本工程甲供主材包括桥梁防水层材料、声屏障、信号综合接地电缆、桥梁支座、桥梁伸缩装置、隧道防水板和止水带、无砟轨道嵌缝材料、厂制轨枕、道岔、钢轨、钢轨伸缩调节器、钢轨扣配件等。甲供设备包括梁部检查小车等。湖杭铁路有限公司根据季度结算拨付甲供物资设备款。

2 前期征地拆迁管理

2.1 征地拆迁管理

本工程征地拆迁工作由湖杭铁路有限公司负责,统一协调地方政府实施,费用以初步设计批复征地拆迁费用为基础,采用"包干模式",超概部分由地方政府承担。湖杭铁路有限公司积极主动与地方各级政府紧密协作,及时深入现场一线,共同解决征地拆迁中各种疑、难点问题,并在设计、监理、施工单位的大力配合下,在评估、审价咨询单位全过程跟踪下,通过采取一系列的措施全力推进征地拆迁工作,以较快、较好的组织工作保证了征地拆迁工作的顺利实施。湖杭铁路征地拆迁工作2019年12月启动施工,2020年3月全线启动,2020年6月完成红线内房屋拆除,红线用地全部移交给各标段施工单位。2020年3月取得湖州段建设用地批复,9月取得了杭州段建设用地批复,为项目的顺利推进提供了强有力的保障。

2.2 三电及管线迁改

2.2.1 管线迁改建设管理模式

湖杭铁路三电及管线迁改项目概算费用列支在项目总概算的第一章征地拆迁费用内,属于地方政府负责实施的项目内容,但因各地方政府支持力度不同、实际执行力有限及产权单位因素影响,往往迁改项目进展会成为影响铁路本体工程施工进度的突出问题。建议在项目前期就做好三电迁改项目管理模式的规划、谈判或约定,待取得项目批复后,立刻启动三电迁改立项及相关建设程序。湖杭铁路三电迁改管理模式分为三种:湖州段三电迁改EPC总承包模式;余杭区电力迁改EPC总承包模式;其余为全权反委托项目公司模式。每种模式都符合国铁集团概算清理要求,管理过程中符合各实施主体的相关制度要求即可。

2.2.2 过程中相关事宜纪要或签认资料应妥善保存

三电迁改实施过程中会遇到各种不可预见的问题,推进时各种协调、对接会尽量形成正式纪要或各方签认资料,作为后续收尾及费用结算阶段的依据。

2.2.3 燃气管线迁改相关签认资料需补充路局工务段签认

根据国铁集团最新文件要求,需加强燃气管线穿越铁路的管理,建设过程中燃气管道穿越铁路的方案、位置、防护措施等需路局对应归口管理部门确认,一般由工务段负责。

2.3 涉河改造

防洪影响评价是建设项目批复的前置条件,工程实施过程中按照批复的防洪影响评价中提出的措施,对沿线防洪影响涉河工点进行整治并通过相关部门的验收是铁路工程专项验收的重要组成部分和开通条件之一。

按照浙江省水利厅批复的防洪影响报告,沿线涉及防洪影响需采取工程措施的工点共有52处。涉河整治工作涉及单位多、关系复杂、协调对象多,实施过程中要加强沟通对接,既涉及铁路系统又涉及地方相关部门,在铁路系统中就有代建单位、施工单位以及监管单位的各类审批等,涉及地方的单位有地方指挥部、林水局、相关乡镇等部门。

在项目前期阶段要例足概算费用。湖杭铁路河道整治概算费用不足,项目前期实施阶段,概算审核单位为控制总概算,对相关概算费用把控较严,项目具体实施过程中费用明显不足,导致地方政府实施积极性不高。

把握建设时机,履行建设时序,尽早启动实施。湖杭铁路因概算费用不足、建设程序烦琐等原因,工作启动时机滞后,推进进度较慢。

2.4 大小三改

湖杭铁路大小三改项目也包含在第一章征地拆迁费用内,在项目实施过程中不可避免对原有道路、河道造成影响,对沿线百姓生产生活造成不便。项目设计阶段,地方政府、设计单位重视对等级道路、重大交通流量的道路、较大的河道造成的影响,出具专题的改路、改河图纸,对村道、小河道造成的影响重视不够,导致实施过程中存在相互扯皮现象。

强化源头管理,做深做细三改设计。在项目前期阶段,设计单位要对沿线不同等级的道路、河道进行现场勘察,特别是村道、小河道的现场勘察要重视,出具设计方案,纳入整体概算中。

2.5 隔声窗安装

环境影响评价是建设项目批复的前置条件,在项目前期阶段需对沿线环境敏感点做影响评估,对敏感点不达标需提出相应的措施,如增设声屏障、加装隔声窗等措施。工程实施过程中按照批复的环境影响评价中提出的措施,对沿线环境敏感点的民房加装隔声窗并通过相关部门的验收是铁路工程专项验收的重要组成部分和开通条件之一。

湖杭铁路隔声窗安装进度较慢,主要原因是概算费用不足,地方政府对此项工作的理解不到位,经过不断与地方政府沟通协调,终于在专项验收之前完成,保证了湖杭铁路按期开通。

3 设计变更管理

本工程变更设计按照国铁集团(含原中国铁路总公司)关于铁路建设项目变更管理相关规定执行。

3.1　Ⅰ类变更管理

Ⅰ类变更设计由乙方负责初审后报甲方审核,由甲方履行决策程序后报原初步设计审批部门批复。

3.2　Ⅱ类及以下变更管理

Ⅱ类变更设计由沪昆公司负责审批并报湖杭铁路有限公司核备,湖杭铁路有限公司参与大于1000万元及以上的Ⅱ类变更设计的审查。

3.3　新增工程

新增工程由沪昆公司负责审批并报湖杭铁路有限公司核备。非施工方原因引起的费用补偿由双方共同审查确认后,沪昆公司负责审批并报甲方核备。新增工程内容暂定为:由上级单位、地方政府、验收单位、甲方、乙方任何一方提议,并经乙方同意,且设计文件和招标清单中未包含的单体工程的增加;因规范、标准改变或国铁集团、运营管理集团公司发布的文件引起的设备、设施的增加及其相关的建安工程费的增加。

4　质量安全管理

4.1　质量安全管理

湖杭铁路有限公司对安全质量管理主要通过"共建共管"来体现,对安全质量实行监督管理,在完善自身安全质量管理体系的同时并督促代建单位按照铁路建设要求开展各项安全质量管理。在此代建模式下,虽然湖杭铁路有限公司不便于过多的限制代建单位的日常管理,但是作为建设单位,如果想能够更好地把控工程项目安全生产,需要注重以下几点。

(1)合同约定,至关重要。建设单位要想在项目建设过程中安全管理方面有更多的话语权,那么在合同签订阶段必须明确。合同条款确定要谨慎、全面、细致,具备可操作性。

(2)监督考核,方得始终。通过日常安全巡查和组织不定期安全检查等监督考核机制来行使安全监督管理职能。

(3) 共建共管，共同推进。建设单位和代建单位必须通过深度融合、共建共管来推动安全生产管理工作。

4.2　环境整治

为落实湖杭铁路开通目标，确保铁路运输安全，湖杭铁路有限公司严格按照《关于规范开展高速铁路项目依法开通工作的实施办法》（铁办〔2020〕82号）文件要求，开展外部环境整治工作，具体外部环境整治推进工作管理要点如下。

(1) 超前谋划，提前部署。湖杭铁路有限公司于2021年11月制定外部环境专项实施方案，12月2日牵头组织沪昆公司、沿线地方政府、上海局集团公司相关站段、施工、监理等相关单位召开湖杭铁路外部环境整治工作动员部署会，12月7日联合杭州工务段、供电段、上海高铁基础设施段、上海通信段等单位提前介入组对全线外部环境整治开展排查。2022年1月24日统计汇总形成1566处问题清单，依据问题清单逐一整改销号验收。

(2) 地路联动，协同推进。依据《铁路安全管理条例》《中国铁路上海局集团有限公司铁路外部环境安全管理实施细则》等相关文件要求，新建铁路外部环境整治工作涉及安保区划定、采石爆破等17项内容，涉及面广、关联产权单位较多。通过加强与地方政府、铁路相关站段的联系，积极利用政企联动、护路联防机制，建立沟通机制，加强信息畅通，及时排查梳理更新隐患情况状态，传递外部环境隐患信息。从而进一步提升了外部环境整治效率，有效地改善了湖杭铁路外部安全环境。

(3) 加大宣传，净化环境。为加大对沿线群众守法护路的宣传教育，引导沿线群众与铁路依法和谐相处，不断增强沿线群众遵纪守法和爱路护路意识。公司积极联合地方政府、铁路相关站段开展宣传活动，并在沿线两侧重点地段、处所设置安全警示标志，充分履行安全告知义务。

4.3　消防审验管理

湖杭铁路消防审验工作在杭州市城乡建设委员会及沿线住建部门的大力支持下，在沪昆公司、湖杭铁路有限公司、设计、施工、监理、检测等单位的全力配合下，按《中华人民共和国消防法》、住建部第51号令《建设工程消防设计审查验收管理暂行规定》及杭州市建委的相关规定，进行了消防设计审查和验收，在规定

时间内依法合规取得了消防设计审查和验收合格意见书,为湖杭铁路全线按期开通和杭州西站开站奠定了坚实的基础。

(1)国铁集团工管中心批复施工图之前需委托浙江省综合性施工图审查名录中的单位完成消防设计审查,根据审查意见完成施工图修改,并取得消防技术审查意见书。特殊消防设计需报地方住建部门组织召开专家评审会,取得专家评审意见。

(2)消防设计报地方住建部门审查,取得消防设计审查意见书。

(3)建设单位委托第三方检测单位开展消防设施检测并出具检测合格报告。

(4)项目完工后,由建设单位组织五方主体完成项目竣工验收。

(5)由建设单位组织五方主体完成消防工程竣工验收,验收合格后填写《建设工程消防验收申请表》《建设工程竣工消防验收报告表》《项目查验检查表》等报验资料,上报地方住建部门申请消防竣工验收。

(6)地方住建部门对报验资料审查合格后受理,委托第三方验收机构开展现场验收,第三方验收机构验收合格后出具《现场评定报告和现场评定表》,地方住建部门据此出具《特殊建设工程消防验收意见书》。

5 验工计价及资金管理

5.1 季度验工计价

本工程采用季度验工计价,在次季度首月10日前完成,第四季度最迟在次年1月15日前完成。

代建工程由代建单位出具《验工计价申请表》,相应各方签字后报湖杭铁路有限公司签字(内部流程)完成后,相应单位给湖杭铁路有限公司开具增值税发票,湖杭铁路有限公司支付验工计价款。

征地拆迁、咨询及其他验工计价由合同实施单位编制,湖杭铁路有限公司核准,合同实施单位负责人签字、加盖其单位印章。

5.2 月度及年度预付款

月度预付款根据当月施工进度完成情况,按照月度投资计划的50%~70%拨付,在当季验工计价完成后一次性扣除;年度预付款在年初根据年度投资计划的10%拨付,支付时施工单位需提供对应金额的预付款保函(工程承包合同约定可不提供的除外),在7月份开始按月在当月的月度预付款中扣回。

5.3 完工结算及竣工清算

工程完工后根据国铁集团出具的《单位工程验收表》支付剩余7%工程款,其余3%作为质保金待缺陷责任期满后拨付。

5.4 优化融资结构

积极争取政府专项债,采用银行贷款与政府专项债相结合的融资模式能够有效降低建设期财务费用。建设期湖杭铁路有限公司获批130亿元的政府专项债券融资额度,节约财务费用4.68亿元,取得重大经济效益。

6 体会及建议

6.1 代建单位选取

目前,代建单位都是由国铁集团指定的,没有充分发挥市场化选择的优势,导致代建单位比建设单位还强势,建设单位在代建协议签订、现场质量安全监督等方面缺少话语权。建议浙江省政府或浙江省发展和改革委员会协调国铁集团,同意建设单位进行市场化选择代建单位,在国铁集团下属铁路局或直属机构中选取,保障建设单位管理顺畅。

6.2 代建协议签订

6.2.1 协议内容

协议中应明确委托代建工程建设管理内容、委托事项、分工及要求、费用支付、双方的责任和权利、变更设计审批、概算清理、竣工财务决算等管理界面。界面应清晰,事项无遗漏便于后续执行。

6.2.2 勘察设计合同的签约主体

委托方通常负责项目前期至施工图审查结束,勘察设计合同的签订在双方谈判时应争取由建设单位主导,有利于后续征地拆迁及概算清理工作的开展。

6.2.3 竣工财务决算

该项工作中涉及的《竣工项目资产初验记录表》,谈判中建议由代建单位牵头负责,更有利于发挥代建单位与路局各站段之间内部单位沟通的便利优势。

6.3 造价控制

6.3.1 招标节余费用的控制

铁路项目降造费率一般为工程造价的1%~5%,项目在施工和监理招标阶段应充分与代建单位沟通,本着合理节约成本的原则,严格控制降造费率。若招标阶段无法控制,担心存在流标风险,应在施工图审查阶段积极优化施工图,为招标控价的编制创造条件。

6.3.2 临时用地费用控制

可在概算编制阶段,将临时用地费用由第一章征地及拆迁费用移入第十章大型临时设施和过渡工程,在后续招标时由投标单位综合报价(以往项目也有类似案例),临时用地的实施相应由中标单位实施。

6.4 三电及管线迁改

6.4.1 建议后续项目三电及管线迁改由地方政府实施

三电及管线迁改费用在第一章征地及拆迁费用中,由地方政府负责"包干"实施,超概算费用由地方政府承担,但湖杭铁路三电及管线迁改在杭州市范围内(余杭区电力迁改除外)反委托湖杭铁路有限公司实施,造成增加的费用很难收回,现场管理协调难度进一步增加,同时清理概算工作推进难度更大。因此,建议后续项目三电及管线迁改由地方政府实施,建设单位不要接受委托。

6.4.2 路内迁改建议由站前单位代为实施

湖杭铁路路内迁改概算费用列支在各专业的本章内,一般属于站后四电工程,需实施时站后工程尚未招标。建议由相应标段的站前单位代为实施,按铁路建设管理程序办理变更手续。

6.4.3 迁改项目招标需注意设计漏项、产权单位加价等费用超概风险

铁路设计院未对三电迁改相关内容做深化设计,概算批复时该项费用一般

为指标单价,实施过程中再由对应行业的专业设计出具施工图,存在前后设计不匹配问题,再加之产权单位提出的相关要求,往往导致最终实施费用超过概算费用,招标时应考虑相关风险。

6.5 隔声窗

6.5.1 强化源头管理,深化设计

在项目前期阶段,设计单位对环境敏感点要深化设计,同时与地方政府相关部门充分沟通,尊重合理的意见,结合沿线经济发展实际情况,相关费用纳入总体概算中,避免实施阶段费用不足。

6.5.2 把握时间节点,尽早开展工作

隔声窗与老百姓生活密切相关,协调对象多、事情多,在建设时间节点上宜尽早启动,地方政府应从民生角度出发认真研究当地老百姓的诉求,如工程确对百姓生活有影响的,需加装隔声窗等措施。

6.6 涉河整治

6.6.1 强化源头管理,深化设计

在项目前期阶段,设计单位对防洪影响的工点要深化设计,同时与地方政府相关部门充分沟通,尊重其合理的意见,相关费用纳入总体概算中,避免实施阶段费用不足。

6.6.2 把握时间节点,尽早开展工作

涉河整治工作与主体工程密切相关,协调对象多、程序复杂,在建设时序,时间节点上最好是在主体工程开工前开展涉河整治工程,如确实条件不允许,也要做到与主体工程同步施工,同步完成,以减少对铁路桥梁结构的影响,同时也能节省后期增加的费用。

7 结束语

总之,高铁工程建设中采用代建模式需要严格做好各个环节管理工作,从设计、施工质量、时间节点等多方面入手,切实提高施工可靠性。

参 考 文 献

［1］李晓东.谈涉铁工程代建服务模式［J］.山西建筑,2021,47(9):192-193.
［2］吴星强.基于交易成本理论合资铁路代建模式的探讨［J］.现代经济信息,2014(22):412-413.
［3］吴萍.对合资铁路公司委托代建项目管理模式的探讨［J］.内蒙古科技与经济,2012(6):32-33.

数字征地拆迁平台在浙江省铁路建设项目的初步实践

湖杭铁路有限公司　章　睿　郭宗昊　王　炜

摘　要　铁路建设项目征地拆迁工作目前具有涉及范围广、距离长，覆盖工程项目类型多、数据量大等特点，采用传统的管理模式、数据统计方法和信息决策支持已难以适应当前工作的需求。因此，需要建立一套完整的数字化铁路征地拆迁管理系统，以便及时掌握准确的基础信息，通过分析利用征地拆迁工作的各类数据，使得铁路建设项目征地拆迁管理工作变得高效、快捷、科学。在此背景下，湖杭铁路以落实全周期覆盖、全流程记录和全信息存证，提升征地拆迁工作水平作为加强项目建设管理的重要抓手，率先在浙江省铁路建设项目中开展了数字化征地拆迁探索实践。

关键词　数字征地拆迁　铁路建设　系统设计　降本增效

由于铁路项目建设征地拆迁安置工作存在周期长，现阶段大多采用基于纸质档案的人工管理方式，且存在大量的数据录入、校核和处理工作，查询、统计的效率也不高，数据更新也易出错等问题，这些工作特点决定其数据处理具有一定的复杂性和反复性，导致工作效率较低，数据一致性难以得到有效保障，且资料完整保存更是难度较大。同时，征地拆迁工作影响的范围广、涉及的单位多、审批的级别多，在目前传统工作模式下，一般存在着信息时效性不强、数据传递及时性不高等问题，在同一区域内的各工程间也同样缺乏有效联系和信息共享。

2019年9月，党中央、国务院发布《交通强国建设纲要》，明确提出瞄准新一代信息技术、人工智能、智能制造等世界科技前沿，加强对可能引发交通产业变革的前瞻性、颠覆性技术研究。交通运输部出台的《数字交通发展规划纲要》以及浙江省交通厅发布的《浙江省数字交通建设方案（试行）》等文件，也明确了加快数字交通建设，将数字交通作为新基建的重点方向。正是在这样的背景下，湖杭铁路率先在浙江省铁路建设项目中开展了数字化征地拆迁的实践和探索。

1 系统总体框架

湖杭铁路数字征地拆迁平台以浙江省数字征地拆迁平台为基础,该平台的建设主要为了实现征地拆迁相关信息的统计、基础数据的管理、分析以及工作进度的动态跟踪应用,为铁路建设项目征地拆迁安置工作的决策、管理和专项验收提供快速准确的相关信息服务。

1.1 建设目标

(1)为湖杭铁路建设工程征地拆迁安置工作中涉及的基础数据管理提供对应的数字应用平台,从而提高该工作的质量和效率。

(2)对征地拆迁安置工作的进展和资金执行具体情况进行监测控制,对征地拆迁工作实行全方位的动态跟踪,为编制投资计划、部署征地拆迁安置工作提供有效的科学依据。

(3)做到属性数据库管理与实际应用需求之间紧密融合,从而达到征地拆迁相关信息的在线快速查询、统计和分析。

(4)提供多种数据表现形式与友好的图形人机交互界面,生动形象地呈现出征地拆迁安置工作的各类别信息,并且满足工作开展和汇报需要。

(5)采取一些方便且快捷的操作方式,对各种类别的基础数据高效优质地开展分类统计、管理和维护,为征地拆迁工作专项验收提供有力支撑。

1.2 设计原则

(1)前瞻性与扩展性原则。保障整个系统生命周期的关键环节就是数字平台的前瞻性,湖杭铁路数字征地拆迁系统技术选用了当前先进成熟的技术,以此来保证数字平台在一定时段内具有技术领先性。

(2)安全性原则。在平台数据库里会存放着有关项目征地拆迁安置的敏感数据,而这些数据不仅数据量大,而且还是开展征地拆迁安置工作的基础,该部分数据资料相当的重要和宝贵。因此,平台系统具有接口统一性,用户对数据使用的规范性,而且构建了密码安全机制、权限使用机制、数据动态刷新和备份恢复机制,避免由于数据的重复录入、基础数据修改操作不当等人为因素引起的安全隐患,采用平台系统具有自我修复功能的安全策略,确保数据的安全性。

（3）标准化原则。系统程序研发与数据库建立均采用国家标准规范，从而保证数据的通用性，并为后续浙江省发展和改革委员会、交通运输厅等其他单位的管理系统接入和数据共享提供支持。

（4）实用性和适用性原则。以应用为驱动选择匹配的系统平台与设计模式，既结合项目征地拆迁特点满足功能要求，又兼具系统的实用性与适用性，使系统达到最优性价比，发挥出最大效益。

（5）人性化原则。系统的整体布局以易用合理、实用美观为原则，客户界面简洁、友好，方便用户操作使用，有相对齐全的辅助功能和较高的执行效率。

1.3 系统框架

依据浙江省相关部门数字交通建设政策要求，结合湖杭铁路建设实际情况，以数据的录入—开发—展示为脉络，进一步梳理和明晰湖杭铁路数字征地拆迁平台功能需求，提出"1+2+2+N"的系统框架建设方案。"1"指一个支撑平台，即迭代优化后的湖杭铁路数字征地拆迁平台；第一个"2"指两个操作端口，即 PC 端+App 端；第二个"2"指两种展示界面，即面向相关协作单位的技术操作界面+面向领导和公众的宣传展示界面；"N"指即 N 个应用场景模块建设，征地拆迁部初步梳理了 8 大功能模块，分别是项目管理模块、公告和新闻模块、实物调查模块、安置管理模块、协议管理模块、资金管理模块、档案管理模块、土地验收模块。

2 数字征地拆迁工作流程及职责分工

2.1 数字征地拆迁流程

湖杭铁路数字征地拆迁平台能够实现工程项目征地拆迁全过程数字化管理，涵盖工作流程管理、任务分配管理、用户关系和行为监督管理、各阶段行业应用管理、数据聚合和人工智能分析工具。湖杭铁路数字化征地拆迁工作流程如图 1 所示。

（1）工作对接与资料收集。在数字征地拆迁工作开始前，对相关资料进行收集整理，并在平台进行汇总展示，便于各参与单位线上实时查询；明确项目建设征地范围，由平台完成项目地图初始化配置，通过导入图斑信息定位征地区块位置及其数量、地类等详细属性；提供最终版本的各类实物调查样表、评估样表等资料，以便通过平台开展调查工作；明确项目涉及行政区划，组成由各参与单位

共同构成的征地拆迁工作组,明确平台应用方式和流程,从人员和组织制度保障数字化征地拆迁的落实。

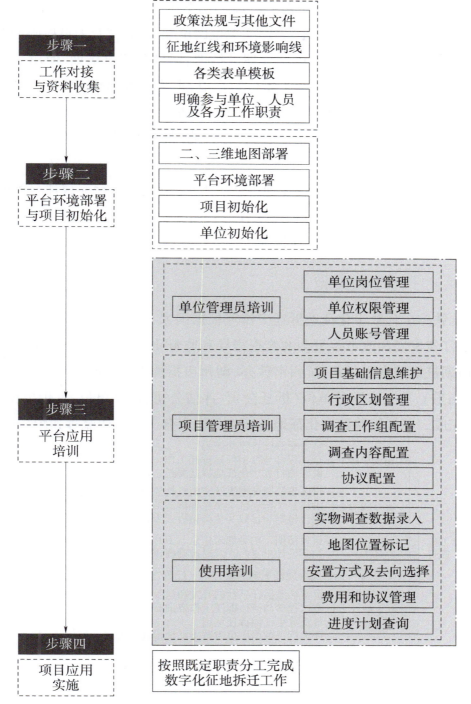

图1 湖杭铁路数字化征地拆迁工作流程图

（2）平台环境部署。进行二、三维地图部署，叠加前期收集的征地红线和环境影响线等相关资料直观展示项目征地拆迁情况；部署行政区划配置、实物调查工作组配置、实物调查配置、协议配置、安置方式及去向配置、进度计划配置等；部署参与单位建立、参与人员账号建立、单位岗位配置、单位及人员权限配置等。

（3）平台应用培训。包括单位管理员培训、项目管理员培训、使用培训。单位管理员培训包括单位岗位管理、单位权限管理、人员账号管理等；项目管理员培训包括项目基础信息维护、行政区划管理、调查工作组配置、调查内容配置、协议配置等；使用培训包括实物调查数据录入、地图位置标记、安置方式及去向选择、费用及协议管理、计划进度查询等。

（4）平台项目应用实施。在征地拆迁工作启动前，在平台完成项目初始化配置、平台测试演练、平台使用培训等工作。项目正式启动后，各方工作人员按照既定的职责分工完成数字化征地拆迁工作。

2.2 组织与职责分工

湖杭铁路工程数字化征地拆迁工作需根据国家和浙江省相关政策法规的要求，在浙江省发展和改革委员会的检查指导和监督协调下，本着符合地方实际的原则，由湖杭铁路有限公司、杭州市铁办、湖州市指挥部、杭州市及湖州市涉及各乡（镇/街道）、第三方服务单位（拆迁公司、评估公司、勘界单位、审价单位）等各方共同完成。湖杭铁路数字化征地拆迁工作职责分工及工作流程如图2所示。

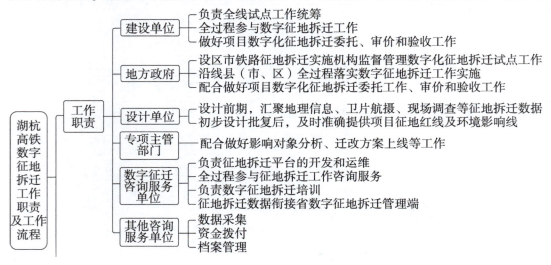

图 2

科学管理篇

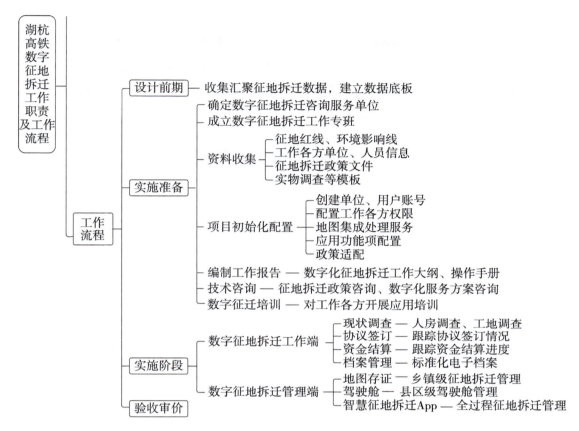

图 2　湖杭铁路数字化征地拆迁工作职责分工及工作流程图

3　数字征地拆迁平台应用情况

湖杭铁路数字征地拆迁平台主要分为管理平台(共用)及生产平台两个部分,生产平台具体包括项目管理、实物调查、安置管理、协议管理和档案管理。

3.1　管理平台

管理平台主要包括项目一张图、管理主页、项目一览、项目群、项目数据看板以及智慧征地拆迁 App 等指挥征地拆迁指挥舱工具,用于辅助精准决策。

(1)项目一张图,主要面对省、市、项目公司监管人员,可通过项目一张图了解项目总数和宏观数据。

(2)管理主页,主要面对省、市、项目公司的行政管理人员,可通过主要指标数据和图表等形式查询项目总体指标、资金概况、实调进度、认定进度、协议签订

117

进度和资金拨付进度等信息。

（3）项目一览，主要面对省、市、项目公司监管人员，可通过图表、列表等形式查询多项目或某一项目总体特征数据、调查和协议签订情况以及到户关键数据。

（4）智慧征地拆迁 App，面向征地拆迁全过程监管和查询，其包括新闻管理、进度管理、实物调查、协议管理、支付管理、数字存证等，如图 3 所示。

图 3　湖杭铁路数字征地拆迁管理平台智慧征地拆迁 App

3.2　生产平台

（1）资讯管理。在项目平台上线后，首先需要对项目进行信息维护、设定各单位享有权限以及各单位对内部岗位进行权限分配工作。运用平台的多级权限管理，相对于传统信息传递方式，更能保障信息共享的安全。

（2）实物调查。各项调查原始数据经录入或导入后，平台支持对所有实物进行浏览，成果汇总，个性化查询，实物成果分析等功能。平台支持数据匹配对应地理信息,可根据项目需要,对项目建设影响区和安置区进行正射影像、建模和房屋单体化制作。模型单体化后可以被应用于对各类对象属性的实时查询、数据统计,可拥有二维影像地图和三维实景倾斜地图的地物交互功能。

(3)安置管理。包括安置方式和去向、安置方向图示等内容。安置方式和去向数字征地拆迁平台根据铁路工程拆迁安置方式和安置去向,配置搬迁安置方式和集中安置点。征地拆迁户可选择搬迁安置方式和安置去向,并进行数字记录;安置去向图示结合征地拆迁户安置方式和去向数据及地图可视化技术,动态展示征地拆迁户搬迁安置去向。

(4)协议管理。协议管理模块分为协议总览和协议明细。协议总览展示以图表的形式显示协议签订总数及协议签订比例;协议明细显示各征地拆迁户签订协议的情况(待签/已签)并根据数字化技术自动链接征迁户信息,自动生成协议,加快协议签订进度,减少差错及人为干预。

(5)档案管理。项目建设数字化档案管理模块,该模块可根据各单位的日常办公习惯自行组织档案目录编排方式并可对所有流程中上传的图文资料、合同、文函等电子版资料进行分类查阅。

4 结束语

当前数字经济已成为推进浙江省经济高质量发展的动力支撑,浙江省已通过顶层设计的方式在全省新建铁路项目全面试行数字征地拆迁。依托数字化征地拆迁平台共享征地拆迁数据、探索行业数据价值,实现"精准征迁""阳光征迁"。广泛应用数字化征地拆迁,对开展降本增效、推动智能铁路、提高发展质量具有支撑作用,也必将为后续建立征地拆迁行业大数据分析,研究大数据信息价值产生更深远影响。

参 考 文 献

[1] 刘仪影,潘晓泉,冯绍诚.水利水电工程移民征迁安置工作数字化研究[J].水力发电,2020,46(7):85-88.

[2] 郭磊磊,蒋洪明.浙江省数字征迁平台在大中型水利水电工程的初步实践[J].水力发电,2022,48(1):15-18.

[3] 施卫忠.铁路数据中心建设与规划研究[J].中国铁路,2021(1):1-7.

浅谈工程资料在铁路工程管理中的作用

湖杭铁路有限公司　史　婷

摘　要　工程资料是铁路项目从筹备、勘测、设计、施工到竣工验收等过程中形成的文件、图纸、声像材料等各种载体形式的信息总和。其作为贯穿工程建设全过程的重要记录，对工程管理的真实过程进行反映，为工程进展管理提供详实的数据，为工程质量管理提供有力的依据，其在工程管理中的地位可见一斑。做好工程资料管理显得尤为重要，完善相关管理制度，加强对资料采集和记录的重视，确保工程资料的完整、准确、有效，更好更真实地反映工程建设，更好地服务工程管理。

关键词　工程资料　铁路工程管理　管理依据　重要手段

在工程施工过程中要强化质量控制和监管工作，保证工程建设项目施工阶段的质量符合设计、规范以及合同约定，从而为工程建设提供一个优质高效的建设环境。在工程实施过程中，如何确保责任的可追溯性是一个至关重要的问题。而工程资料是建设项目工程质量、安全、工期、投资效益、环境保护和科技创新等目标控制体系要素的全面反映，在铁路工程管理中起着重要作用，但往往建设单位、施工单位以及设计单位都存在重进度轻资料的现象，因此，在重视工程资料的基础上，加强对其管理。

1　工程资料在工程管理中的作用

1.1　工程资料在工程建设管理中的作用

工程资料作为铁路工程管理的依据，只有施工和监理单位对工程数据进行真实、准确、严谨地记录，才能全面、真实地反映工程状况。首先，建设单位可以通过查阅工程资料，对工程进行全面的管理，找出施工过程中存在的不足之处，并与实际情况相结合，制定出相应的对策，规范施工质量的控制标准，并对存在质量问题的部位进行修复，从而确保工程的施工质量。其次，工程资料为全面评

价工程质量,查明事故原因,追究责任提供了依据。工程资料在管理中起到了非常重要的作用,通过对重要的工程协调会以及现场检查指导过程中监理、施工人员是否尽职尽责到位等方面的工程资料进行收集,能够为建设单位的相关部门提供一个全面、直观的现场工作状况,为投资等决策活动提供有用的信息,同时还能帮助对监理、施工人员的履职尽责情况以及他们的业务水平进行实时的评估。再次,工程资料也可以有效的预防由于监理单位和施工单位的原因而引起的重大安全事故和质量隐患。为了保证工程组织有序、规范地施工,合同规定了总监理工程师、施工项目经理和重要岗位人员应该保持相对稳定,而且总监理工程师和项目经理每个月应该在现场工作不少于合同规定的时间。同时,要对施工现场的各种数据及进度进行及时的记录并定期向业主或项目建设管理单位报告相关信息。当现场检查发现存在上述违约情形时,建设管理单位有权向其所属单位及时提供相关资料证明并对不具备现场管理能力或不能胜任本职工作的人员进行更换,以保证工程项目的高质量实施。

1.2 工程资料在工程运营期管理的作用

工程资料是项目建设的真实记录,是工程建设及竣工验收的必备条件;是项目养护维修、改扩建、处理自然灾害的重要依据;是维护企业及参建各方合法权益的重要凭证。运营期可以利用工程资料查看原始记录,能有效解决一些技术性问题,减少不必要的操作与检测,也可以更好的追溯原因,更利于后期维护运营。

2 工程资料管理存在的问题

2.1 工程资料管理不重视

在工程资料管理领域,对于工程资料管理的重要性缺乏足够的关注和重视,这是一个极为严重的问题。很多施工单位都没有建立起完整有效的档案资料管理系统,导致工程施工时资料丢失严重。主要表现为资料的真实性和规范性的缺失,导致信息的准确性和可靠性受到了影响。在很多工程施工过程中,往往会因为缺少工程资料而导致一些质量上的隐患。另外,还包括工程资料整理过程中未按照相关规定进行归档,也会导致工程资料丢失。由于缺乏有效的工程资料管理,导致了这些情况的发生,因此,必须重视对工程资料管理,以避免出现任何潜在的错误。

2.2 工程资料管理机制不健全

工程资料管理机制存在缺陷,需要进一步完善和优化。很多单位采用粗放式管理方法来处理工程资料,使得工程资料无法发挥出其应有的价值。目前,仍有一些单位未能深刻认识到工程资料管理的重要性,仅仅将其视为应对相关部门检查的手段。同时,在具体工作当中还缺乏相应的专业技术人才,使得工程资料的整理以及收集等都比较混乱。

2.3 缺乏合理保存机制

目前,工程资料管理面临的一个重要挑战是缺乏一套合理的数据保存机制。在工程管理和建设中,工程资料扮演着至关重要的角色,能有效防止因监理、施工单位出现问题而造成重大安全事故或质量隐患事件。然而,由于缺乏合理的保存机制,这些资料的装订和保存存在着不规范的问题,导致工程资料的混乱和丢失。因此,在实际工作中需要加强对工程资料的整理,并制定科学有效的保存措施,提高其完整性和准确性,避免造成损失。为确保工程资料的完整性,必须建立一套合理的保存机制,以保证每个环节的严谨性,从而保证工程资料的准确性和完整性。

3 加强工程资料规范化管理

3.1 充分认识工程资料的重要性

充分认识铁路档案工作是企业管理的一项基础性、支撑性工作,项目工程资料是铁路档案工作的重点,也是铁路工程建设重要基础性工作。要深刻认识工程资料反映项目建设全过程,是建设项目资产的重要组成部分,是质量责任追溯的重要依据,也是委管单位使用、管理、养护、维修和改扩建等工作的依据,应确保工程资料完整、准确、系统、规范和安全。

3.2 完善工程资料管理机制

健全管理制度,有序推进工程资料管理工作。应建立科学完备的工程资料

管理制度,明确各部门和参建单位工作职责、归档移交要求和奖惩方式等;制定符合实际的文件材料收集范围、保管期限、档案整理规范以及声像等不同载体档案收集、整理要求等;建立健全项目档案保管、利用、应急管理等制度。

落实工作责任,建立机制,形成管理合力。建设单位要对工程资料负总责,成立由分管领导、相关部门组成的工作领导小组,实行统一领导和管理。要明确建设单位各部门工作责任,强化协调、考核机制落实,协同推进工程资料管理工作。相关部门要负责做好建设单位各部门及参建单位项目文件形成、收集、整理和归档的监督、指导,组织开展铁路项目业务培训;工程部门要对工程技术文件的规范性提出要求,做好对参建单位归档文件完整、准确、有效和规范性审查工作。建设单位各部门均应做好本部门形成的项目文件收集、整理和归档工作。

3.3 加强工程资料全过程管控

3.3.1 采取有效措施,确保工程资料与项目建设同步

档案部门要在项目建设的全过程、各阶段、重要节点加强对各部门、各参建单位档案工作的监督检查和指导。

做好源头控制,纳入合同管理。建设单位要树立源头控制项目工程资料理念,与参建单位签订合同、协议要设立专门条款或补充协议,明确项目文件管理责任,包括项目文件形成的质量要求、归档范围、归档时间、归档套数、整理标准、介质、格式、费用及违约责任等;将项目文件是否齐全、完整、准确等要求纳入合同考核的约束条款,作为对参建单位末次验工计价或拨付款项的条件之一。监理合同条款要明确监理单位对所监理项目文件和档案的检查、审查责任。

制定项目工程资料方案。建设单位要在项目开工前,按照职责明确、流程清晰、措施有效、要求具体的原则,制定工作方案,配备满足项目档案工作需要的专(兼)职人员,建立覆盖项目各类文件、管理制度和业务规范。

3.3.2 明确相关要求,确保归档文件质量

建设单位要重视项目文件管理和归档交底工作。档案部门、工程部门应在开工之初共同组织交底,向各业务部门、参建单位告知项目档案工作相关法律法规、制度办法要求,介绍主要内容、流程、收集范围、整理方法及工程技术文件规范性要求。

建设单位要加强前期文件管理。做好预可研、可研、初步设计、施工设计等

阶段项目文件的收集、整理和归档。项目前期文件在相关工作结束后及时归档。管理类文件按年度归档,同一事由的跨年度文件应在办结年度及时归档。

加强收集,实行预立卷。为确保项目文件的完整、准确、系统,项目文件形成部门应在文件办理完毕后,及时收集,进行预立卷,指定专人负责项目文件收集和保管工作,根据专业、事由进行分类,按照组卷方法进行整理,做好不同阶段的收集工作。

3.3.3 加强监督培训,确保工程资料的完整、真实、有效

加强节点控制,纳入考核机制。建设单位应采取有效措施,在重要节点对公司各部门、各参建单位项目文件的完整、准确、系统和规范性进行检查,将其纳入考核机制,做好监督指导,保证工程资料的真实性和可靠性。

建设单位还应通过加强人员管理培训,增加检查频次等方式,提高项目文件管理人员的业务水平,提升工程资料质量。档案部门与工程部门应形成联动机制,相互配合组织开展项目工程资料检查指导工作,深入项目现场,形成工作记录和整改建议并督促整改,进一步提高工程资料质量,从而更好为工程管理服务。

4 结束语

对于整个铁路项目来说,工程资料是工程的重要组成部分,是全面鉴定工程质量、查明事故原因、追究事故责任的重要依据,是项目养护维修、改扩建的重要依据;是维护企业及参建各方合法权益的重要凭证,在很大程度上为工程质量的监督管理提供了有效依据。各单位应加强对工程资料的认识,了解工程资料的重要性,保证工程资料准确、严谨。

参 考 文 献

[1] 柴晓娟.论音像资料在工程实施管理过程中的重要作用[J].中小企业管理与科技,2014(9):220.

[2] 黄胜梅.浅谈工程资料在工程建设中的重要性[J].技术与市场,2012,19(5):326-327.

湖杭铁路在国铁代建模式下建设单位的安全管理探讨

湖杭铁路有限公司　黄群勇

摘　要　铁路工程建设项目是一项投资规模大、建设周期长、覆盖多参建主体、多专业化管理、管理协调难度大的系统复杂工程,鉴于铁路工程的特殊性,为保质保量顺利完成工程项目建设,充分发挥社会效益,指定中国国家铁路集团有限公司(以下简称国铁集团)进行工程全过程管理具有可行性和必要性。由国铁集团指定的项目建设公司负责组织实施工程全过程建设统筹管理工作,确保工程质量、进度、投资控制同步顺利推进,及时满足项目功能使用和交付时限要求,建成之后再交付给业主单位。本文通过分析代建制模式下业主方风险管理的有效性研究,为后续代建模式下的铁路项目安全管理提供一些经验和参考。

关键词　代建模式　安全管理　安全管理成效与举措

代建制模式下,代建单位以业主方名义对建设项目进行整体管理,对推动工程建设的专业化管理水平起到积极作用,其优势是显而易见的,但也存在一定风险。业主方应当积极主动地参与项目建设的各重要环节,加强掌控和监督力度,做好风险识别、风险评价、风险控制工作,以发挥代建制的优势,克服代建制模式下的缺陷。

1　代建制模式的基本概念

为了进一步深化投资体制改革,提高政府投资工程的投资效益和建设管理水平,国务院于2004年发布了《国务院关于投资体制改革的决定》(以下简称《决定》)。《决定》第三部分明确了政府投资项目代建制概念:"政府(投资团体)通过招标方式,选择具有相应资质、社会专业化的项目管理单位作为代建人,负责对项目进行投资管理和建设实施的组织工作,严格控制项目投资、质量和工期,项目建成后交付使用单位的制度"。

代建制的实质是指政府投资项目经过规定的程序,委托有相应资质的项目管理公司(即代建单位),作为项目建设期执行人全面负责项目建设全过程的组织管理。促使政府投资项目"投资、建设、管理、使用"的职能分离,通过专业化项目管理最终达到控制投资、提高投资效益和管理水平的目的。经过实践证明,代建制已经是控制项目建设规模、投资、工期和保证工程建设质量安全的行之有效的建设管理模式。

2 湖杭铁路建设项目代建模式及特点

新建湖州至杭州西至杭黄高铁连接线工程(以下简称湖杭铁路)全线长137.8km,双线高速铁路,设计速度350km/h。湖杭铁路作为浙江省首次主导建设的高速铁路,是打造"轨道上的长三角"的重要节点工程。受铁路体制特殊性约束和行业垄断性影响,项目由湖杭铁路有限公司(以下简称建设单位)指定委托中国国家铁路集团有限公司(以下简称国铁集团)旗下的沪昆铁路客运专线浙江有限责任公司(以下简称代建单位)进行代建。根据协议约定:"代建单位应严格执行《中华人民共和国安全生产法》和其他有关安全生产的法律、法规,严格执行保障安全生产的国家标准和国铁集团(含原铁路总公司、铁道部适行)制定的有关安全规章、规定和标准,加强建设项目安全管理,监督检查承包人落实安全生产措施,对建设工程安全管理负总责。"

3 代建模式下建设单位安全管理成效

湖杭铁路有限公司在建项目安全生产管理主要通过"共建共管"来体现,对安全生产实行监督管理,在完善自身安全管理体系的同时,并督促代建单位按照铁路建设要求开展各项安全生产管理,安全生产工作主要开展情况如下。

3.1 建立健全规章制度,完善安全管理体系

结合湖杭铁路项目实际,湖杭铁路有限公司成立安全生产委员会,制定《安全生产工作责任制》,同时出台了《安全生产管理办法》《生产安全事故报告和处理实施办法》《安全生产费用计提(计列)和使用管理办法》《安全生产禁令》等十余项安全生产管理制度,确保了公司的安全生产管理工作有章可依,切实全面履行安全生产主体责任。

3.2 及时办理工程质量安全监督手续,积极配合开展监督检查

根据《中华人民共和国建筑法》《建设工程质量管理条例》《铁路安全管理条例》《铁路建设工程质量监督管理规定》等法律法规和国铁集团相关规定及代建协议的约定,湖杭铁路有限公司负责向浙江省交通运输厅办理工程质量安全监督手续,于 2020 年 3 月取得《工程质量安全监督通知书》(浙交〔2020〕29 号),并积极配合监督单位开展日常、专项及综合监督检查,对检查出的问题落实责任单位开展整改。

3.3 全面推进湖杭铁路标准化建设

一是组织标准化开工,会同代建单位严格按照国铁集团铁路建设标准化管理的要求,开展安全生产标准化开工对标达标工作,对施工单位的管理制度、人员配置、机械设备、物资材料、工地布置、技术管理、信息化管理、建设用地和环保等方面进行监督指导,满足项目标准化开工条件。二是持续推进标准化建设,贯彻落实国铁集团"强基达标、提质增效"的工作主题,会同代建单位连续三年开展"标准化开工,第一次做对""达标创优、奋战湖杭"和"达标创优、决胜湖杭"标准化主题活动,全面深入推进湖杭铁路标准化管理工作,所有参建的施工和监理标段全部实现标准化管理达标,标段创优率达 70% 以上,全面实现湖杭铁路标准化建设和开通运营前的工作目标。

3.4 强化风险管控和隐患排查整治

一是强化重大风险源管控,每月与代建单位共同组织召开安全形势分析例会,对全线施工过程存在的安全问题和安全风险源进行全面分析,形成年度重大安全风险管控项目清单和月度风险工点清单,并制定相应的管控措施,明确各单位责任人员,确保从源头上管控安全风险。二是积极开展安全生产专项整治行动,联合代建单位开展"质量安全红线管理""三查五防""隧道安全风险排查"等专项整治行动。要求各参建单位加强危险性较大工程和事故易发部位的排查力度,按照包保工作要求定期或不定期对包保任务进行检查并留有检查记录,查出问题,建立问题库,指定整改责任人,限期落实整改。三是主导开展铁路沿线外

部环境整治，联合沿线政府和各参建单位成立专项工作小组，针对两侧塑料大棚杆、危树、易燃易爆危险处等 16 项问题分类，制定整治专项方案，明确各责任单位和整改责任人，落实具体分工和整改措施，全面销号铁路沿线影响行车安全的 1994 个问题。

3.5 落实各类安全生产专项活动

一是组织开展"安全生产月"活动，制定专项活动方案，开展主题活动，组织员工和参建人员深入学习习近平总书记关于安全生产重要论述，开展全方位、多角度、立体化宣传，开展安全教育培训、应急安全体验馆体验、应急演练、警示教育学习等活动。二是贯彻集团要求积极开展各项安全活动。以"基层基础强化年""十个一"和"六个有"等活动为主线，开展复工复产大排查大整治专项行动、岁末年初复工复产专项安全检查、寒潮防御和台风前安全专项排查以及高空作业、大型机械等安全生产专项检查，针对活动特征，制定专项计划，开展自查自纠，及时排查与治理安全隐患。

4 代建模式下建设单位安全管理重点

国铁代建模式下，虽然建设单位不便于过多的限制代建单位的日常管理，但是作为建设单位，如果想能够更好地把控工程项目安全生产，需要从以下几点着重下功夫。

4.1 择优选择，源头抓起

代建模式下，代建单位的选择是建设项目能否安全完工的必要条件。正所谓"基础不牢，地动山摇"，如果代建单位没有很好的安全管理基础，没有一批业务能力强，安全素质高的专业技术人员和安全管理人员，那安全生产就无法得到有效的保障。

4.2 合同约定，至关重要

代建模式下，建设单位与代建单位在法律上的地位是平等的，不存在隶属关系或者上下级关系。在签订代建协议时，建设单位如果想要在项目建设过程中对安全管理有更多的话语权，那么在合同签订阶段必须明确。合同条款确定要谨慎、全面、细致,条款内容要具备可操作性,权利义务的条款应明确切且不能笼统,特别要增加相应的奖惩条款来规范代建单位的建设行为。

4.3 监督考核,方得始终

代建模式下,建设单位首先应健全自身监督制度,出台相对应的监督办法,明确自身的监督权利和代建单位的安全管理责任,通过制度来行使安全监督管理职能。其次,如何确保参建单位各级安全管理人员履职尽责,才是安全管理工作能否落地的关键所在。在项目建设过程中,建设单位应该重点关注参建单位是否按照合同约定和施工组织设计要求足额配备各级安全管理人员以及人员的到岗履职情况。建设单位通过日常安全巡查和组织不定期安全检查等监督考核机制,督促参建单位消除人的不安全因素和物的不安全状态,并将安全监督考核机制纳入工程进度款支付考核项目中来,作为安全管理的有效抓手。

4.4 共建共管,共同推进

代建模式下,从建设单位的安全管理责任来看,代建单位的安全管理是责无旁贷的。安全生产管理不仅是工程建设过程中参建方的主要职责,而且更是建设单位和代建单位的主要职责。因此,建设单位和代建单位通过深度融合、共建共管来推动安全生产管理是十分必要的。安全管理,重在落实,在执行代建管理安全管理制度的过程中,必须严格执行标准化施工管理,认真落实每一项安全生产检查,不断总结经验,这样才有利于工程建设的开展。建设单位加强项目安全施工管理,严格按照国家有关法律法规、安全标准实施管理是自我保护的有效途径。

5 代建模式下建设单位安全管理难点

5.1 建设单位的安全监督管理不能有效落实

一是执行力度不足,缺乏落实机制。各参建单位均由代建单位进行招标,在代建单位的直接管理下开展各项安全生产工作。建设单位要落实开展上级单位和自身的各项安全生产工作均需通过代建公司传达,或通过联合发文的形式来落实，缺乏有效的落实机制。建设单位日常的安全检查发现的问题，通过层层传递，往往力度会大打折扣，出现执行力度不足的现象，起不到应有的警示作用。二是约束力有限，缺乏处罚手段。在实施安全生产过程中，无论是施工单位还是代建单位，建设单位对两者的约束力都极其有限，对两者安全工作开展落实不到位或不落实现象约束力有限，缺乏有效的处罚手段。余杭西险大塘"5·13"发生堤顶纵向裂缝事故，充分暴露了建设单位对代建模式下的安全监管缺乏对代建单位和参建单位进行有效管理、有效监督、有效处罚的弊端。

5.2 地方政府监督工作得不到有效开展

湖杭铁路是浙江省首条由地方政府进行质量安全监督管理的高速铁路，地方政府质量安全监督管理体系与铁路系统以往的安全质量监督管理在执行的政策和法规、委托的单位资质、监管的方式和内容、验证的规范和标准等各方面都存在一定差异，且受铁路行业垄断的特性，地方政府也难以对铁路工程进行深度管理，导致地方政府监管工作得不到完全充分有效的开展。

5.3 建设单位安全生产管理深度难以控制

术业有专攻，铁路代建单位安全管理人员往往比建设单位安全管理人员对于铁路工程建设项目的施工工艺、工法和流程更为熟悉，对施工机械、设备和工具的安全操作更为了解。建设单位的安全管理人员配置不足，不可能也没有能力管理到项目施工的每一个步骤和工序，这就需要建设单位有选择性进行安全管理，以安全管理体系建设为中心，标准化施工管理为抓手，重点加强程序管理，通过日常监督检查发现风险、消除或者控制风险，达到安全管理的目标。

6 结束语

综上所述，铁路代建模式下虽然有巨大优势，但是建设单位要想在国铁集团代建模式下更好的开展安全管理工作，行使建设单位相应的主体责任，就需要以择优选代、合同管理、监督考核等重点工作为抓手，对于管理层级和管理深度等难点问题要有清晰的思路和方法，才能确保工程建设项目安全、平稳推进。

参 考 文 献

[1] 张祥.建设工程项目代建制的隐形矛盾与制度创新[J].工程建设与设计,2020(23):243-244,247.

[2] 唐文峰.代建制中建设单位项目管控存在的问题及对策分析[J].四川水泥,2020(8):45,350.

[3] 汤冬梅.基于建设工程代建制模式的业主方风险及防范对策研究[J].企业改革与管理,2020(13):32-33.

[4] 臧莉静.代建项目管理中的风险分析与控制研究[D].兰州:兰州交通大学,2015.

[5] 姜爱琴.代建制模式下政府投资项目业主方的风险管理研究[D].兰州:兰州交通大学,2015.

浅谈湖杭铁路外部环境安全隐患治理对策

湖杭铁路有限公司　钱　琛

摘　要　铁路外部环境安全隐患具有体量大、问题杂、整治难、易反复、成本大、成效低等特点,通过对湖杭铁路外部环境隐患排查、建档、整治、销号,进而分析湖杭铁路外部环境问题现状及形成原因,总结外部环境整治工作方法,形成工作经验,确保高速铁路行车和人身安全,实现高铁外部环境安全的长治久安。

关键词　湖杭铁路　外部环境　策略

湖杭铁路位于浙江省中北部,湖州市和杭州市境内,北起湖州市,途经湖州市德清县和杭州市余杭区、富阳区,南至杭州市桐庐县,并行杭黄铁路引入桐庐站。项目全线长137.8km,双线高速铁路,设计速度350km/h。全线桥梁50座、长81.8km,隧道33座、长41.4km;全线车站设湖州(接轨站)、德清、杭州西、富阳西、桐庐东、桐庐(接轨站)6个车站,并在沪苏湖铁路正线增设湖州东站。

为深入贯彻落实《中华人民共和国铁路法》《铁路外部环境安全管理办法》《关于规范开展高速铁路项目依法开通工作的实施办法》等相关法律、文件要求,确保湖杭铁路依法合规顺利开通及运输安全,湖杭铁路有限公司多次组织沿线地方政府、产权单位和各参建单位召开对接协调会,并及时组织部署湖杭铁路外部环境全面排查,开展铁路安全隐患综合治理工作。根据沿线各县(区)及施工标段所管辖范围,对湖杭铁路外部环境隐患进行排查、建档、整治、销号工作。

1　外部环境安全隐患概念及现状

1.1　外部环境安全隐患概念

外部环境安全隐患指的是铁路运输企业所辖人员、单位以外的自然人、法人、各种社会组织作用与铁路安全保护区及铁路安全影响区域的各种活动,直接或间接形成了人的不安全行为或者物的不安全状态。本次排查共计包含违法类危险物品、采石采矿、抽取地下水、倒杆距离不足、两侧彩钢棚、两侧轻漂物、非法穿越、两侧危树、油气管线、两侧堆土、安保区界桩、上跨电力线、两侧排污等13个类别。

1.2 外部环境安全隐患现状

外部环境安全隐患具有体量大、问题杂、整治难、易反复、成本大、成效低等特点，同时还具有产生背景复杂、管理关系交织、触及多方深层次利益、一旦发生危害大的特点，在本次隐患排查过程中还表现出隐患密集、隐患存在时间长等特点。

2 铁路外部环境隐患产生的原因

2.1 铁路沿线居住人员复杂

铁路沿线尤其是普速铁路沿线布满了居民区、厂矿企业及学校等，沿线路外环境差，人口数量也非常大。虽然有关铁路单位经常派人深入铁路沿线居民区、厂矿企业、学校、乡村进行护路防伤宣传，通过采取张贴警示标语、竖警示牌、清理站场闲杂人员等措施，积极防止路外伤亡事故的发生，但由于人员复杂，仍有相当一部分沿线闲杂人员及居住在铁路沿线的群众自我安全保护意识不强，为了赶近路、图便利，部分人抱着侥幸心理，不顾自身生命安全，行走和抢越铁路线路；由于生活习惯等问题，将垃圾甚至废旧床垫、儿童自行车等物品倾倒在铁路沿线周边，影响铁路列车的正常运行。

2.2 建（构）筑物、轻质飘浮物等整治难度大

建（构）筑物、轻质飘浮物问题整治难主要体现在遗留问题多、涉及沿线居民切身利益等方面，导致问题整治不理想。一是遗留问题多，主要是高铁建设完成后，原施工单位遗留在高铁沿线的临时生产用房（彩钢棚）被沿线老百姓占用，但没有进行维护，破损严重，多数分布于高铁沿线距离线路30～100m，极易被大风吹刮到高铁线路。由于是临时建筑，产权不明确，往往不容易得到地方政府的支持，成为原施工单位、地方、铁路三不管地带。二是由于彩钢瓦、塑料薄膜等材料价格低且容易搭建，目前已成为铁路沿线居民、企业厂房、果蔬基地等场所广泛使用的材料，在拆除过程中涉及沿线居民、生产企业、果农种植户的切身利益，容

易引起路地纠纷，导致阻路、拦车等问题的发生。三是需要加固处理的彩钢瓦涉及费用，政府没有财政支持，老百姓不承担，导致整治得不到有效解决。

2.3 管控、治理联动机制不完善

铁路外部环境管控、治理是一项系统工程，涉及面广、政策性强，目前在铁路外部环境管控、治理方面，仍然存在地方政府职能部门、综治护路部门、公安机关、铁路监管部门、铁路运输企业等分工不明确、职责不清晰、制度不健全、机制不完善、沟通不顺畅、责任不落实等问题。同时，依法应由铁路监管部门负责监管的铁路外部环境安全隐患问题，也因其执法力量明显不足，导致大量外部环境安全隐患问题得不到彻底整治解决，极易死灰复燃。

2.4 经济利益的驱使

高铁开通运营，带动了地方经济的发展。在土地资源紧张、经济利益的驱使下，当地居民在铁路沿线私搭乱建，私自经营可以带来一定的经济利益。

3 外部环境安全隐患整治建议措施

3.1 硬飘浮物

（1）铁路用地红线内与铁路运输生产无关且有可能危及行车安全的所有构筑物按照"拆、清、改"的原则整治到位；如因铁路生产生活需要而无法拆除的，应按照相应标准加固，评估确保安全方可保留。

（2）铁路线路两侧500m范围内（不含红线和保护区）对可能影响铁路行车安全的彩钢棚等进行加固，确保行车安全。

3.2 倒落侵限

铁路沿线高大建筑、杆塔、上跨线缆等设备设施违法设置或者处于不安全状态隐患，包括电力铁塔、通信铁塔、水塔、灯塔、烟囱、广告设施、塔吊起重机、35kV及以下上跨线缆、35kV以上的上跨线缆等。

本项目主要存在110kV大永油车线18#塔倒塔安全距离不满足要求、35kV凤余线上跨杭州西动车所引入线等问题。公司积极协调各方组织推进整改，完

成油车线迁改、凤余线增压等相关工作,进一步保证铁路依法合规顺利开通。

3.3 危险物品

危险物品是指在铁路沿线两侧不符合国家标准、行业标准安全防护距离,建造、设立生产、加工、储存或者销售易燃、易爆或者放射性物品等危险物品的场所、仓库,主要包括油气管线、化工厂、加油加气站、烟花爆竹、石油库、炸药库等危险物品及场所。

对于属本单位责任须立即关停生产、作业,整改符合规定后方可恢复生产;属非路内单位、个人责任的及时通知相关责任人,并按照属地管理原则及时上报相关执法部门。

3.4 违法施工

铁路沿线安全保护区范围内未按照铁路规定办理相关施工手续擅自进行施工的,及时进行制止并报告铁路监督管理部门及地方政府,以确保铁路运输安全。

3.5 违法堆放

对铁路红线范围内的违法堆放隐患要求各项目相关标段及时清除、整平;对铁路安保区范围内的违法堆放隐患,依法向铁路监督管理机构和地方政府相关部门报告。

4 对策建议

4.1 超前谋划,提前部署

湖杭铁路有限公司于2021年11月制定外部环境专项实施方案,12月2日牵头组织沪昆公司、沿线地方政府、上海局集团公司相关站段、施工、监理等相关单位召开湖杭铁路外部环境整治工作动员部署会,12月7日联合杭州工务段、供电段、上海高铁基础设施段、上海通信段等单位提前介入组对全线外部环境安全隐患开展排查。2022年1月24日统计汇总形成1566处问题库清单,依据问题清单逐一整改销号验收。

4.2 地路联动,协同推进

依据《铁路安全管理条例》《中国铁路上海局集团有限公司铁路外部环境安全管理实施细则》等相关文件要求,新建铁路外部环境整治工作涉及安保区划定、采石爆破等17项内容,涉及面广、关联产权单位较多。通过加强与地方政府、铁路相关站段的联系,积极利用政企联动、护路联防机制,加强信息畅通,建立沟通机制,及时排查梳理更新隐患情况状态,传递外部环境隐患信息。从而进一步提升了外部环境整治效率,有效地改善了湖杭铁路外部安全环境。

4.3 加大宣传,净化环境

为加大对沿线群众守法护路的宣传教育,引导沿线群众与铁路依法和谐相处,不断增强沿线群众遵纪守法和爱路护路意识,公司积极联合地方政府、铁路相关站段开展宣传活动,并在沿线两侧重点地段、处所设置安全警示标志,充分履行安全告知义务。

5 结束语

铁路外部环境安全是保证铁路正常运行的基础性内容,是保证铁路运输安全的重要体现。随着我国铁路路网越织越密,列车速度越来越快,对运输环境安全的要求也越来越高。在这种情况下,加强外部环境安全隐患整治工作显得尤为紧迫,对当前铁路外部环境中存在的安全隐患提出了一些管控及治理对策,但仍不全面,还需要全体铁路环境安全管理人员在实际工作中不断完善、总结、创新,确保铁路运输安全。

参 考 文 献

[1] 张志刚.运用法治思维和方式整治铁路安全环境外部风险隐患的思考[J].铁道经济研究,2015(4):38-42.

[2] 马成贤.高速铁路外部安全环境管理实践与思考[J].中国铁路,2018(12):49-53.

论项目文化推动工程建设的有效性
——"多彩湖杭　共建共享"的文化形成与落地推广

浙江省轨道交通运营管理集团　杜旸旸

摘　要　湖杭铁路坚持党建引领，充分凝聚全体参建人员的文化自信的认同感与自豪感，创建并推广红色党建、橙色善治、黄色安全、蓝色创新、青色廉洁的"多彩湖杭　共建共享"项目文化，大力推动湖杭铁路在2022年9月高质量建成，为项目文化与工程建设高度融合提供了探索路径和示范样板，形成了具有湖杭铁路项目辨识度和新时代特色的文化标识，对铁路项目工程建设单位具有一定借鉴作用。

关键词　多彩湖杭　共建共享　项目文化　工程建设

党的十八大以来，习近平总书记曾在多个场合提到文化自信，传递出他的文化理念和文化观，加强文化自信、文化认同和创建工程项目共同体意识、弘扬社会主义核心价值观一样具有重要意义，基于此，湖杭铁路在项目建设过程中进行了探索和实践。

1　"多彩湖杭　共建共享"文化形成的背景

湖杭铁路作为"轨道上的长三角"节点工程和杭州第19届亚运会重要保障项目，建设工期33个月，项目全长137.8km，投资约370亿元，于2022年9月建成通车。作为首条浙江省主导建设的高速铁路，湖杭铁路面临参建涉铁单位和股东方多、项目工期紧、建设要求高的工作实际，如何依靠党建引领，让各单位更好凝心聚力，进一步发挥基层党组织和广大党员作用，克服诸多困难来打造一条高质量的高速铁路，成为湖杭铁路以项目文化推动工程建设的新课题和着力点。

近年来，湖杭铁路坚持党建引领，把文化创建与工程建设深度融合，以红色为底色，以多彩为特色，围绕"多彩湖杭　共建共享"的理念，打造党的全面领导下的共建共享高铁建设管理模式，高质量推动建成一条红色党建、银色进度、橙色善治、黄色安全、绿色生态、青色清廉、蓝色创新、紫色品质的多彩湖杭高铁线。

2 "多彩湖杭 共建共享"文化落地推广的举措

2.1 构建文化创建的主体意识

坚持以项目文化推动工程建设的发展模式,提出"多彩湖杭 共建共享"这一核心理念,坚定高质量建设湖杭铁路的信念追求,铸牢湖杭铁路共同体意识,增强全体参建人员的向心力与凝聚力,提升全体参建人员文化自信的认同感与自豪感,构建"多彩湖杭 共建共享"文化的主体意识,为湖杭铁路高质量建设奠定文化基础。

2.2 营造项目文化的多元氛围

2.2.1 建设红色党建文化,推进党的全面领导落地见效

红色是多彩湖杭的底色,是多种"颜色"的统领,正是有了红色,才有了"多彩",正是有了红色,才能实现共建共享。湖杭铁路全面发挥党的领导制度优势,坚持"围绕项目抓党建、抓好党建促项目",由于建设涉及国铁集团、浙江省方、地方等多个主体,包括出资方、代建方、第三方服务单位等多个角色,如何协调好多元主体,使大家心往一处想、劲往一处使,党组织在这个过程中起到了主心骨的关键作用。2019 年 9 月湖杭铁路公司成立党组织后,第一时间建立了前置研究、决策、议事、讨论等机制,从公司治理的顶层设计层面统一思想、统筹管理,并主动督促各项目部不断加强党建工作。各项目部进场后成立基层党组织,并下设党支部,真正实现了建设推进到哪里,支部就建到哪里。正是有了党的政治领导、思想领导、组织领导,所有参建单位能够从政治高度来参与湖杭铁路建设,建设一条高质量湖杭铁路成为所有湖杭建设者的共同目标。

2.2.2 建设橙色善治文化,打造有温度的高铁建设环境

湖杭铁路把国企管理文化积极融入施工建设各环节。一方面,督导各项目部成立以党员干部牵头的领导小组和工作专班,专题推进智慧工地平台建设、BIM 技术应用、SCORE 项目等,实现智慧高效的高铁建设管理。另一方面,坚持党建带群建,打造有温度的职工之家,配备标准化的洗衣室、淋浴间、空调房、家餐厅,"夏送清凉""冬送温暖",关心爱护在外工作的施工人员。

2.2.3　建设黄色安全文化,坚持除险保安安全发展理念

黄色寓意安全。湖杭铁路牢固树立安全发展理念,构建"党政同责、一岗双责、齐抓共管"的安全生产管理机制和风险闭环管控机制,持续强化除险保安,提高应急处置能力,动态消除各类风险隐患,细化应急措施,确保关键时刻发挥关键作用。在湖杭铁路试点并推广网格化安全管理、安全首件制、群安员等举措,打造从施工进场、过程检测到结果考评的全过程安全管理。各项目部在工地设立 VR 体验馆,购置定位安全帽,开展"安全生产月"和各类专项应急演练,调控网格员绩效工资系数 ±20% 等,常态化提升参建人员安全意识。

2.2.4　建设蓝色创新文化,激活高质量建设的内生动力

助推创新湖杭,智能湖杭是湖杭铁路高质量建设的重要内容。湖杭铁路专题部署并推进"智慧工地"54 个应用模块的上线,并在全线推广隧道 3D 激光扫描技术、衬砌防脱控工艺等"四新"技术。承办 2 场全省观摩会的富阳小型预制构件厂实现日产能提高 2.3 倍,工期缩短 57%,人工数量由 45 人减少到 2 人,为打造智能高铁建造提供示范样本,进一步激活项目高质量建设内生动力。

2.2.5　建设青色廉洁文化,激扬清正忠诚的国企新风尚

湖杭铁路激扬"忠诚、担当、奋斗、创新、清正"的浙江国资国企新风尚,紧扣"清廉湖杭"建设,把全线参建单位纳入清廉共同体,制定 34 项工作专案,在杭州西站建立全省首个高铁项目工地上的警示教育馆,深化湖杭铁路的联动监督和协同保廉,走出了一条高铁建设和党风廉政建设深度融合的新路径。

2.3　发挥文化活动的积极作用

湖杭铁路开工以来,围绕党的建设、项目进展、重难点工作等任务,开展了"为党旗党徽添彩　建智能精品湖杭""学党史、当先锋、奋战百天、争创一流"、党组织书记例会、联合主题党日等主题活动,在这个过程中,搭建了项目全线交流学习的平台,尤其通过对典型人物、先进事迹的宣传,让各参建单位之间加深了了解、加强了学习、增进了友谊,最终实现以学习促生产,涌现了一系列技术党课、党群协理员、党员联系点、党员先锋岗。同时,充分发挥"赛马"机制作用,组织全线开展"两美"浙江重点工程立功竞赛、党组织示范点选树创优等竞赛活动,全线党员干部发挥先锋模范作用,如鏖战 73 天创造了 6 处 500kV 超高压电力迁

改的攻坚任务;总质量约1.1万t的杭州西站站房屋盖钢结构,在206台大型设备牵引下提前一个月完成提升;杭州西动车所10959根钻孔桩和3208个承台全部提前完成并全力推进全线轨道贯通、四电(通信工程、信号工程、电力工程、电气化工程)完工、完成静态验收、启动联调联试、全线拉通试验等一批重要节点的突破。

3 "多彩湖杭　共建共享"文化建设的经验

3.1 打造了重大工程项目文化创建推广的实践模式

打造党的全面领导下的共建共享高铁建设管理模式,高质量推动建成一条多彩湖杭高铁线,是重大高铁工程的任务和目标,是湖杭铁路有限公司对重大工程项目文化建设的有力探索和丰富演绎,其对党建文化、管理文化、安全文化、创新文化、廉洁文化的融入和传承,是对湖杭铁路项目文化的丰富和创新。通过坚持党的全面领导,建立以各方党组织为核心的共建共享体系,号召湖杭铁路所有参建、涉铁单位牢记使命,同责担当,组织全线湖杭人勠力同心、奋勇拼搏;通过创建并充分发挥"多彩湖杭　共建共享"文化成风化人、凝心聚力的凝聚导向作用,不断提升项目参建队伍的凝聚力和项目文化软实力,为湖杭铁路高质量建设提供坚实支撑,并一以贯之伴随着建设、通车直至运营,不断丰富"多彩湖杭　共建共享"项目文化的理念内涵和推广空间。这一创新实践,为更广层面锻造项目参建队伍,打造重大工程项目文化提供了探索路径和建设样板。

3.2 推进了项目文化与工程高质量建设的有机融合

湖杭铁路有限公司提出"多彩湖杭　共建共享"这一项目文化的核心理念,开启了项目文化与工程高质量建设有机融合的序章。打造党的全面领导下的共建共享高铁建设管理模式,公司多元股东加速融合,项目全线党的建设纵深推进,重难点协作攻坚升级深化,切实以红色党建文化凝聚了所有参建、涉铁单位最大合力,并一体化统筹推进项目党建、安全管理、关爱职工、数字科技和廉政建设工作,实现了高标准、高效率、高质量建设湖杭铁路。通过积极打造与党同心、与时代同步、与需求同进、与正能量同在的文化灵魂,强化了党建对企业文化建设的引领作用,充分调动大家为交通强国奋斗奋进的积极性,真正实现了举旗帜、聚人心、育新人、兴文化、展形象,在强根铸魂上展现新担当,在攻坚克难上实现新作为,为湖杭铁路高质量建设注入强大力量,是项目文化与工程建设高度融合的有力实践。

3.3 形成了具有项目辨识度和时代特色的文化标识

"多彩湖杭 共建共享"项目文化的创建推广,充分考虑了党建促业务的规律,充分考虑了高质量高铁建设的内在需求,充分考虑了高铁建管模式下的工作实际,实现了创新驱动、智能建造、绿色铁路建设理念的进一步聚焦,平安、精品、节约、高效、绿色、和谐的"六位一体"工程建设的进一步推进,有力助推"交通强省"重要窗口的打造。2022年9月湖杭铁路的建成通车,让浙江省1小时交通圈走进了现实,让人民群众和社会发展共享智能高铁成果,为浙江争创社会主义现代化先行省和高质量发展建设共同富裕示范区注入了新的活力。2022年4月,湖杭铁路有限公司获浙江省五一劳动奖状和浙江省2020~2021年忠实践行"八八战略"奋力打造"重要窗口"立功竞赛先进集体,2023年5月,湖杭铁路有限公司获全国五一劳动奖状,让"多彩湖杭 共建共享"成为高质量建设高速铁路示范线的闪亮名片,也更进一步成为极具辨识度和时代特色的文化标识。

4 结束语

对于企业而言,企业文化是企业发展过程中长期积累和形成的、全体员工共同遵守的目标、行为规范和思维方式的总和,是企业的灵魂。在发展进程中,企业文化已经成为决定企业兴衰和走向的重要因素之一。

参 考 文 献

[1] 范瑞云.国际工程项目开展中的文化差异及应对方式探究[J].经营管理者,2022(11):84-85.
[2] 林陵娜,程赛男,强苏明.高质量关系对工程项目组织从安全事件中学习的影响:韧性安全文化的中介作用[J].工程管理学报,2022,36(5):101-106.

代建模式下党风廉政建设的探索与实践

浙江省轨道交通建设管理集团有限公司　王丹丹

摘　要　新形势下,项目建设单位党风廉政建设工作面临新的要求,而代建模式下的项目建设对企业党风廉政建设提出了更高的要求,必须以更科学高效的风险防控体系及更全面创新的思路举措来实现企业廉洁从业、规范用权的管理目标。本文围绕代建模式下党风廉政建设的探索与实践,旨在提高国有企业权力使用的科学性和可控性。

关键词　国有企业　代建模式　党风廉政建设

1　新形势下国企党风廉政建设的背景

自十八大以来,我国的经济实力、国防实力以及科技实力都有明显的提升,改革工作已经进入到深水区,而面临的反腐败斗争难度也更大。为了加快推动改革完成攻坚阶段,加强国企党风廉政建设工作是我国深化改革的必然要求。党的十九大以来,党中央对党风廉政建设工作进行了全面经验总结和问题分析,并提出了新要求和新任务。党的二十大更是吹响了全面从严治党的新号角。作为国有企业,必须认真贯彻党中央的路线方针政策,坚决维护党风党纪,狠抓党风廉政建设,如此才能有力预防和解决新时期企业发展的各种腐败思想和行为问题,营造风清气正的发展氛围和党风廉政建设新风尚。

2　代建模式下面临的困难及问题

湖杭铁路有限公司作为浙江省交通投资集团有限公司(以下简称浙江省交通集团)的项目建设公司,其负责建设的湖杭铁路作为浙江省首条主导建设的高速铁路,是杭州第19届亚运会重要配套保障工程,建设工期仅33个月。项目建设涉及国铁、省方、地方等多个主体,涉及出资方、代建方、施工方等多个角色,管理难度大;立足当下铁路建设管理模式,无现成可借鉴案例;代建协议未涉及廉政相关条款,缺乏约束手段;代建单位没有独立纪检机构和专职纪检人员,纪检

力量薄弱。面对投资额370亿的重点工程,项目工期紧、参建单位多、廉洁风险隐患多,如不抓好党风廉政建设工作,将直接影响工程进度和单位形象。胆气不壮不敢监督、方向不明不会监督、办法不多监督力量发散等都是困扰公司党风廉政建设工作的难点和堵点。如何落地浙江省交通投资集团"清廉交投"建设全覆盖要求,是湖杭铁路有限公司面临的重点工作。聚焦问题,湖杭铁路有限公司纪委先试先行、把脉症结、找准抓手、拢指成拳,将党风廉政建设融入项目建设,实现以廉促建,进行了系列探索与实践。

3 具体举措及取得成效

3.1 树立正确理念,共建共享明确保廉方向

一是化"代建思维"为"共建理念"。自成立伊始,湖杭铁路有限公司纪委就把建设清廉工程作为工作重点,坚决消除因工程实行代建模式而不管不问不顾的错误心理;坚决消除由于代建认为参建单位廉政建设无关的错误认识;坚决消除代建模式下眼光只盯牢湖杭铁路有限公司本部三十几号员工而不深入项目一线的错误现象。大胆提出"多彩湖杭 共建共享"文化理念,依托该理念,制定"清廉湖杭"建设实施方案,将参建单位纳入清廉建设共同体,协调多元主体,凝聚共建合力。二是沟通先行,达成共识。围绕在工程建设中如何抓好党风廉政建设,落实"四责协同",湖杭铁路有限公司纪委除了"请进来谈",还经常"走出去看",开展蹲点调研、座谈交流,广泛听取意见,摸清面上短板,解决雾里看花、手中无招现象,缩短垂管链条,加大监督"压强",形成共建共管的共识。

3.2 明确工作思路,破立并举找准共建抓手

一是破题解局,开出因地制宜"良方"。湖杭铁路有限公司纪委明确将党风廉政建设与项目建设相互渗透,将党风廉政建设内嵌到参建单位业务工作中,签订党风廉政建设责任书,实化细化责任清单。利用书记季度例会,定期交流党风廉政建设特色做法及保廉举措,推动责任下沉落地。二是确立抓手,搭建晾晒比拼"平台"。利用劳动立功竞赛平台,把项目党风廉政建设作为劳动立功竞赛考核的重要组成部分,围绕清廉建设、宣传教育、作风建设等评分点,量身定制党风廉政建设责任考核细则,将廉政责任层层压实,改变因缺乏监督及考核抓手,做

与不做一个样,做好做差无差别的被动局面。推动纪检工作向基层延伸,制定《关于加强纪检监察工作规范化建设的实施意见》,明晰党风廉政建设工作界面。送服务下基层,送监督到一线,开展制度宣贯及执行情况"回头看",打通项目监督"最后一公里"。

3.3 坚持防控一体,走深走实深化综合监督

一是勤于做"加法",加大教育引导力度。坚持线上线下结合,组织参建人员观看警示片、庭审直播,参观法纪、廉政等基地,规范廉洁从业。开展特色清廉活动,派发"廉洁礼包"、上"百年党史中的纪律建设史"专题党课,节前发布廉"节"倡议等。定制个性化"教育套餐",建立提醒谈话机制,不拘形式谈,聚集问题谈,抛开面子谈,深入一线谈,关注员工"八小时"外生活圈。微信公众号开辟党史上的纪律建设专栏,定期推送文章,确保党史学习有"纪检味"。二是勇于做"减法",销号作风效能问题。紧扣作风建设长效机制,开展节假日四风"纠治"、工作协同情况等"自上而下"检查;现场走访参建单位及问卷调查,了解业务部门服务态度及工作效能,通过"以下看上"提升监督实效,督促问题整改销号,上下同步深化作风效能建设。三是善于做"乘法",迭代联合监督效应。盘活督查力量,构建"公司领导+纪检干部+项目监督员"三级监督体系,公司重点工作在哪里,监督就聚焦到哪里。疫情防控中,班子成员带头包保,与标段成立联合督导组开展防疫检查。日常监督中,多部门联动对民工工资发放、合同履约等情况开展督查,堵塞管理漏洞,实现协同保廉。四是敢于做"除法",消除廉洁风险隐患。在全员廉洁风险排查基础上,对工程建设中可能存在的风险点进行"大起底""大排摸",找准隐患,深挖原因,编制权力运行流程图,规范权力运行,将防控措施与日常业务、综合治理有机结合。出台项目建设"亲""清"关系管理办法,明确负面交往清单,有效防范廉洁风险。

3.4 注重点面协同,示范引领推进清廉建设

一是整体推进,扎实开展"清廉湖杭"建设。持续推进清廉建设,明确一年打基础、两年出成效建设目标,每年制定清廉责任分工,实行任务领办。坚持"多彩湖杭 共建共享"理念,以红色为底色,多彩为特色,组织各标段创建融入地域文化特色的廉洁小阵地,提炼形成"形、声、味、态"立体化廉政建设体系及"青色湖

杭　清廉护航"廉洁品牌,该品牌现已全面走进工地,深入人心。二是重点突破,积极打造工地上的警示教育馆。为解决项目建设点多线长"场所难、统筹难、学习难"问题,坚持将廉洁教育送到项目一线、员工身边,以百年纪律建设史为切入点,打造浙江省首个集参观互动为一体的高铁项目工地上的廉洁警示教育馆,在全线项目中起到了很好的示范效应,确保廉洁教育立足于岗位、贴近于实际、融合于参建各方。

湖杭铁路有限公司作为浙江省交通集团首家探索代建模式的铁路建设单位,也是央企与省属国企联建共创的试点项目,多年来,集团"三同"家文化及清廉文化在项目建设中聚共识、稳人心、促中心,代建模式下的项目保廉"交投味"更浓。工程建设廉洁合力汇聚,项目建设提质增效见速,不断刷新湖杭速度。共建共享效应初显,清廉建设走深走实走新,工地上的廉洁警示教育馆、廉洁文化宣教基地等主题场景吸引了集团各兄弟单位、铁路建设单位、地方企事业等单位的参观交流,举办各类现场观摩会、联合主题党日活动,逐步丰富"多彩湖杭　共建共享"文化内涵。

4　结束语

全面从严治党永远在路上,党风廉政建设永远在路上。立足新形势新任务,湖杭铁路有限公司将贯彻落实好党的二十大精神,一如既往抓细抓实、抓常抓新,推进党风廉政建设工作蹄疾步稳、提质增效,深入探索重点工程建设保廉新路子,以清廉建设成果支撑保障交通强省建设,为浙江省交通集团当好浙江"两个先行"开路先锋保驾护航。

参 考 文 献

[1] 林兆扬.从四个维度把握人民群众在党风廉政建设中的作用[J].世纪桥,2021(5):59-66.

[2] 葛迪.国有企业党风廉政建设研究[D].沈阳:东北大学,2020.

铁路建设项目代建模式下业主单位安全监管探析

湖杭铁路有限公司　王筱骅

摘　要　铁路具有线长、点多、面广的特点，地方政府、房地产商等路外单位各种跨线桥、下穿涵洞、车站商业综合体等委托代建项目也越来越多。在代建实施过程中，由于对风险管理重视不够高，风险管理意识不够强等原因，会形成不同类型的风险，威胁工程施工安全，为此，需要加大安全监管力度。本文以湖杭铁路项目为例，分析了代建模式下业主单位安全监管工作存在的问题并提出相应解决对策。

关键词　铁路工程　代建模式　业主单位　安全监管

1　铁路建设项目代建模式及特点

代建制的含义极为宽泛，简单来说就是业主选择社会化、专业化的工程管理单位，并授权其对业主投资的项目实施管理的一种模式。

我国代建制实施以来，主要在建筑、公路、水利等领域开展，相对来说比较成熟，市场化程度较高。近几年来随着铁路建设的快速发展，特别是党的十八大以来，进一步鼓励和扩大社会资本对铁路的投资，促进了合资铁路的快速发展。很多地方铁路公司孕育而生，以往铁路的建设都是由国家的铁路部门在管理实施，专业技术人才都集中在铁路部门，新成立地方铁路公司由于缺乏专业的管理人员，铁路项目代建制成为必然的需求。以前我参加过高速公路的建设，对代建制也有所涉及，经过参与湖杭铁路的建设，我也在不停地思考、总结铁路代建模式的特点，主要表现为：一是铁路的代建制因为开展得晚，政府层面还没有出台相应的管理办法。公路、水利、建筑领域都有相应的工程项目代建制管理办法，但铁路项目目前还没有，对铁路代建缺乏有效的规范管理和指导。二是铁路代建单位具有垄断性，同时受铁路体制特殊性的约束，当前的铁路代建单位基本由政府指定，这种垄断性使得代建制模式中委托关系和约束存在很大的缺陷，给项目公司行使业主权利带来很大的影响。三是铁路的代建单位现在都是中国国家铁路集团有限公司(以下简称国铁集团)的下属单位,具有部分行政的职能,这种代建单位没有完全实现政企分离,不是真正意义上产权清晰、自主经营、自负盈亏的企业代建单位。正是由于当前铁路代建的特点,给湖杭铁路的建设带来了不少问题,本文重点分析湖杭铁路在代建模式下安全管理问题。

2 湖杭铁路在代建模式下安全监管工作情况和存在问题

2.1 安全监管工作开展情况

湖杭铁路项目安全工作的管理主要体现在与沪昆铁路客运专线浙江有限责任公司(以下简称沪昆公司)共建共管上,并根据代建协议对安全生产进行监督。

(1)全面推进湖杭铁路标准化建设。一是组织标准化开工。二是推进标准化建设。持续推进"标准化开工,第一次做对"的主题活动,以落实开工标准化为载体,建立管理体系。

(2)积极组织开展各项安全生产活动。一是认真做好安全隐患排查治理工作,联合沪昆公司根据工作计划开展月度平推检查9次、安全专项检查整治11次,确保检查发现的隐患问题能及时排除整改到位。二是认真梳理重大安全风险管控点,根据湖杭铁路项目特点,会同沪昆公司认真梳理7个重大安全风险管控点。三是认真开展专项整治行动,联合沪昆公司开展"质量安全红线管理""三查五防""隧道安全风险排查"等专项整治行动。

2.2 安全监管中存在问题

(1)业主的安全监督得不到完全有效落实。一是根据代建协议代建单位具体负责安全管理工作,施工单位都是铁路系统内的单位,长期跟着在代建单位负责施工。湖杭铁路有限公司要落实各项安全生产工作需通过代建公司传达,或通过联合发文的形式来实现,存在施工单位对湖杭铁路有限公司下达的各项任务执行力度不足的情况。二在实施安全生产过程中,无论是施工单位还是代建单位,由于铁路代建的体制本身存在缺陷,湖杭铁路有限公司对两者的约束力都有限。余杭西险大塘"5·13"发生堤顶纵向裂缝事故,充分暴露了湖杭铁路有限公司在代建模式下的安全监管,缺乏对施工单位、代建单位的有效监督、有效处罚的弊端。

（2）政府监督工作得不到有效开展。湖杭铁路项目由浙江省交通运输厅工管中心履行工程质量安全监督职能。地方政府质量安全管理部门第一次对高速铁路进行质量安全监督,省工管中心监督与铁路代建单位以往接受铁路系统的监督就委托的检测单位资质、监管的方式和内容、验证的规范和标准、程序等各方面都存在差异,同时高铁还涉及既有线的安全管理和高铁技术保密的问题,当出现争议时也无协调机制可及时进行沟通协调,导致政府监管工作得不到有效顺畅地开展。

（3）项目公司安全管理力量配备不足、专业知识不够。湖杭铁路全长137.8km,新建站房4个,施工标段7个,现阶段湖杭铁路有限公司安全质量管理部门仅配备了3名管理人员,无法满足项目安全生产管理的需求,同时管理人员铁路专业知识不强,还有待于进一步学习提高。

3 对策探析

3.1 加强政策指导

建议政府层面高度重视当前铁路代建制在实践过程中出现的问题,出台相关办法给予指导和帮助,在国家基本建设程序中明确铁路代建项目中项目业主及代建单位的法律地位和职责,为铁路代建项目指引方向。

3.2 加强合同约束

在铁路代建项目中,选择代建单位时,应尽量争取在一定的范围内,遵循市场原则,择优选定代建单位,增加业主的主动性,维护业主的地位。在签订代建合同时,合同条款商定要谨慎、全面、细致,条款内容要具备可操作性,权利义务的条款应明确切不能笼统,特别要增加相应的奖惩条款来规范代建单位建设行为。

3.3 加强监管措施

项目业主应健全监督制度,出台相对应的监督办法明确业主的监督权利和代建单位的安全管理责任,通过制度来行使安全监督管理职能。并通过设立安全备用考核金的方式,建立完善安全管理考核机制,对代建单位的安全管理工作进行考核评价,加强安全监督管理。

3.4 加强机制建设

湖杭铁路作为杭洲第19届亚运保障项目,也是浙江省首条省方主导,铁路方代建的高铁项目,在建设过程中与代建方的各项工作都是摸着石头过河,无先例可循,建议集团公司能与上海铁路局进一步加强协同机制建设,加深集团公司对自建铁路项目的掌握,增强项目公司对代建公司的监管,推动安全工作顺利开展。

3.5 加强人才培养

在铁路项目实施过程中,要加大人才培养力度,健全人才培养体系,积极培育自主人才,为集团公司自建高速铁路项目打好基础。

4 结束语

在国家相关交通规划等政策的支持和推动下,铁路正处于大建设大发展的阶段,铁路项目代建模式对促进我国铁路基础设施建设起到一定促进作用,也存在业主单位安全监管的问题。本文重点围绕铁路代建模式下安全监管措施进行了探讨,希望具有一定价值。

参 考 文 献

[1] 刘肖杰.加强铁路工程代建安全管理措施探讨[J].山西建筑,2019,45(3):249-250.
[2] 谢亚伟.中国高速铁路投资战略管理研究[D].武汉:武汉大学,2012.
[3] 黄喜兵.铁路建设项目代建制研究[D].成都:西南交通大学,2010.

家文化下铁路建设单位员工的归属感研究

浙江省轨道交通建设管理集团有限公司　王丹丹

摘　要　在企业发展中,员工增强归属感,自觉将企业利益作为个人行事的出发点和归结点,能为企业发展注入强大动力,实现人与企业和谐共生。本文以湖杭铁路有限公司为例,分析公司员工归属感现状及成因,对提升铁路建设公司员工归属感提出举措,对相关铁路建设企业的运营管理具有一定借鉴意义。

关键词　家文化　企业管理　归属感

习近平总书记对于文化强国的指示也适用于企业。"企",无人则止。将企业愿景使命、战略目标、文化理念等运用到工作,赢得员工认可与忠诚,增强归属感,激发内部驱动力,实现人与企业和谐发展。本文以湖杭铁路项目为例,就如何提高铁路建设单位员工的归属感开展研究。

1　归属感的定义及重要性

归属感是指员工在企业经过一段时期工作学习后,在思想、心理、情感上对企业产生的认同感、安全感、使命感和成就感。它的形成是一个复杂的过程,一旦形成将会使员工产生自我约束力和强烈责任感,对企业产生高度信任和依赖,助推企业发展。

浙江省作为"交通强省"重要窗口建设先行官,浙江省交通投资集团有限公司(以下简称浙江省交通集团)作为建设高水平交通强省的开路先锋、"硬核"力量,湖杭铁路有限公司作为集团铁路专业化建设管理公司之一,湖杭人责任重大,使命重大。在"三同"家文化引导下,员工如具备较强归属感,就能集中力量为建设高水平交通强省,为集团争做世界一流企业打下扎实基础。

2　铁路建设公司员工归属感现状及成因

受整个交通行业快速发展影响,铁路建设单位员工整体归属感不强,以湖杭铁路有限公司为例,原因主要有三方面。

2.1 代建模式下工作推进难度大

湖杭铁路作为杭州第19届亚运会保障项目,报批报审、建设施工时间紧、任务重,项目横跨7个区县,征地拆迁、电力管线迁改情况复杂,与综合性枢纽、地铁、高速公路等并行或交叉施工协调难度大。项目采用代建模式,部门设置参照国铁仅设5个部门,人员配备难以满足工作需求,员工疲于应付,整体工作处于摸索阶段。

2.2 公司未来定位不明确

浙江省交通集团在"十四五"发展规划中提出"1312"板块业务战略布局,针对铁路建设管理职能将分为高速铁路建设、普速铁路建设及城际轨道建设公司三类。湖杭铁路作为浙江省交通集团首条主导建设的高速铁路,建成后公司发展、员工未来尚未明确,导致员工对发展前景不清晰。

2.3 员工对集团家文化的认识存有差异

湖杭铁路有限公司大部分员工来自股东方委派、外部招聘及集团内部调动,员工对家文化的认识存在差异,文化融合需要时间,但项目公司存续时间短,企业文化无法得到传承与积淀,文化引领作用还未产生潜移默化的影响。

3 提升铁路建设公司员工归属感的举措

本着对企业负责,对员工服务的初心,公司工会应注重为员工办实事,增强员工归属感。

3.1 做实培养机制,搭建员工成长平台

好的工会要关心员工,更要塑造员工;好的企业要留住员工,更要提升员工。提升员工队伍素质,加强教育培训,立足岗位成材,在本岗位做细、做精、做强。

(1)提供岗位需求培训。把岗位业务深化和岗位能力提升作为帮助岗位成材主要内容。系统性培训,围绕岗位业务有计划、分批次轮训,不断提高业务能力;补遗性培训,购买业务书籍、资料,通过自学和专题辅导方式,对其业务薄弱环节进行补充培训;拔高式培训,对业务精、能力强的员工进行重点培训。

(2)跨岗位业务培训锻炼。员工在一个岗位久了,工作满意度易下降,在业务培训上,要注意完善人的能力,开发人的潜力,把培训拓宽到跨岗位上去,丰富培训内容,提升跨岗位工作技能。

(3)搭建综合素质提升平台。为员工提供学习交流平台,利用周周学,让员工走上台、开口讲,提升综合能力;"走出去"与兄弟单位交流学习,全方位拓展视野;借助网络学院定期充电;举办各类培训心得、学习分享会,检验自学成果。

3.2 注重职业规划,谋划员工未来出路

注重员工职业生涯规划,积极为员工谋未来,激发工作潜能。

(1)确保物质激励与精神激励同步进行。管理学大师彼德·德鲁克曾说过,高工资足以使员工不离职,却不足以使员工充满使命感与工作积极性,提高员工忠诚度,必须物质和精神激励双管齐下。通过完善薪酬管理办法,建立薪酬合理增长机制,不断提高薪酬待遇等物质激励;精神激励需体现到薪酬与岗位、业绩、能力、责任挂钩的分配机制,打通管理、技术与普通岗位晋升多轨通道,提高工作积极性。

(2)完善职业生涯规划。马斯洛说,音乐家必须演奏音乐,画家必须画画,诗人必须写诗,这样才会使他们感到最大的快乐。员工更关注个人在企业的位置与价值、提升和发展。要加强职业规划指导,为员工提供展示、实现自我机会。企业要立足实际、提早谋划,积极挖掘建设转运营后高铁产业协同、沿线及综合枢纽经营开发等机遇,为企业谋发展,为员工谋出路,让其与企业同呼吸共命运。

3.3 加强文化建设,提高队伍凝聚力

以文化人,以文育人,以家文化精神为指引,营造良好文化氛围,是员工增强归属感的重要助推器。

(1)营造良好的人文环境。企业公平、友善、参与、交流的良好人文环境是员工归属感产生的土壤。管理层要与员工多交流沟通,使其感受到家庭式的温暖。企业要充分了解员工诉求,提供民主参与机会,使其认识到自身影响力,激发自尊心和自信心、责任感和使命感。

(2)给予员工充分尊重。"以感情留人,以事业留人",个人重要程度是培育归属感的重要因素。马斯洛需要层次理论中指出人的尊重需要处于一个较高层

次。企业对员工的尊重,是要给其提供合适岗位及环境,给予足够的自主权及充分信任和尊重,从而对企业产生归属感。

(3)重视、激发员工的兴趣。重视和激发员工兴趣是产生归属感的重要手段。人做自己喜欢的事情总是得心应手、精力充沛,兴趣会激发人的创新力,诱发事业心,最终产生持久归属感,一个成功企业应非常重视员工兴趣的发现和培育。

3.4 注重关心关爱,提升员工幸福指数

员工的职业梦想美好、朴实,企业既要仰望星空,正视员工的梦想,更要脚踏实地,为实现员工梦想插上现实翅膀。要关注关爱员工,为其办实事、解难事,提升幸福指数。

(1)给员工一个家。开展"湖杭家文化"品牌建设,通过办好食堂、为异地员工提供租房补贴、加强"职工之家"建设等途径,为员工提供良好工作环境。注重细节关怀,为员工过集体生日,开展湖杭家书、微课创作,经常找员工聊天谈心,了解所思所想,使其热爱工作与企业,正视压力,焕发活力,提升幸福感,提升战斗力。

(2)把员工当朋友。与员工平等交流,聆听意见建议,针对热点问题和心理需求,积极搭建沟通渠道,如召开恳谈会、设立董事长信箱等,让其意见得到及时回复。对员工的工作成绩积极予以肯定,如一个电话、一条短信、一句问候,让其感受到被认可和尊重。

(3)保障员工合法权益。突出工会维权职能,落实集体合同、工资协商、员工疗休养、年度体检等工作。完善司务公开制度,把重大事项向员工公开,将员工关心问题及时公示,保障知情权、参与权、监督权。建立关爱帮扶机制,做好生病困难员工慰问关爱,从实际出发帮助解决困难。

4 结束语

增强员工归属感、提升企业凝聚力是一个渐进复杂的过程,强烈的归属感有助于促进员工个人目标及企业目标的统一和实现,使企业凝聚力增强、创新力提升,实现员工与企业共成长同发展。奋斗成就梦想,实干开创未来,全体湖杭人将继续怀揣这份归属感与幸福感,以功成不必在我、功成必定有我的境界和担

当,负重拼搏、砥砺前行,为高质量建设具有示范标杆性的浙江省内高速铁路作出应有贡献。

参 考 文 献

[1] 周升.关注员工——浅谈如何提高海外项目中员工的归属感与忠诚度[J].员工工程,2017(8):197.

[2] 刘怡.论如何提高员工对企业的忠诚度[J].科技与创新,2014(17):83-85.

立体化廉政建设体系助推项目建设提质增效见速

浙江省轨道交通建设管理集团有限公司　王丹丹

摘　要　清廉交通建设是"清廉浙江"建设的重要组成部分,是"重要窗口"建设的内在要求,是高水平建设交通强省的重要保障。湖杭铁路有限公司纪委立足铁路建设管理模式实际,先试先行、找准抓手,紧扣集团"清廉交投"建设主线,构建立体化的清廉建设体系。本文以湖杭铁路有限公司为例,分析了立体化廉政建设体系对项目建设提质增效的具体作用。

关键词　立体化　廉政建设　项目建设　增效

1　上下联动,推动清廉建设体系立体化

坚持上下联动,树立共建理念,构建全面立体的清廉建设体系。一是化"代建思维"为"共建理念"。自项目开工,就把建设清廉工程作为工作重点,围绕如何让清廉建设落地,落实"四责协同"机制,湖杭铁路有限公司纪委除了将参建单位的党工委领导"请进来谈",还经常"走出去看",开展蹲点调研及座谈交流20余次,广泛听取意见,摸清"面"上短板,缩短垂管链条,加大监督"压强",形成共建共管的共识。二是破题解局,开出因地制宜"良方"。湖杭铁路有限公司党委将党风廉政建设纳入工作总体布局,定期专题听取工作汇报,形成齐抓共管局面。纪委明确将廉政建设与项目建设相互渗透,逐级签订党风廉政建设责任书14份,细化责任清单,落实清廉责任分工,实行任务领办,将参建单位纳入清廉建设共同体,协调多元主体,凝聚共建合力。利用项目书记季度例会,定期交流党风廉政建设特色做法,推动责任下沉落地。创建融入地域文化特色的清廉小阵地,提炼形成"青色湖杭　清廉护航"廉洁品牌。三是确立抓手,搭建晾晒比拼"平台"。结合劳动立功竞赛,围绕清廉建设、宣传教育等7方面26个评分点,量身定制考核细则,将廉政责任层层压实。为推动参建单位更好履行监督职责,制定《关于加强纪检监察工作规范化建设的实施意见》,明晰工作界面。强化制度执行,开展制度宣贯及执行情况"回头看"6次,打通项目监督"最后一公里"。

2 线上线下,推动廉洁警示教育更有味

坚持线上线下,变"要我廉洁"为"我要廉洁",组织有滋有味的教育引导。一是组织警示教育有辣味。坚持线上线下结合,每周推送廉洁短信、警示案例,把"写在纸上的教训"变为"立在心中的镜子"。组织观看警示片、庭审直播,参观法纪、廉政教育基地470余人次,用"身边事"警示"身边人",规范廉洁从业。建立提醒谈话机制,班子成员带头分层逐级开展提醒谈话7批次152人次,把"咬耳扯袖"融入日常工作,让"红脸出汗"成为常态。二是定制"学习套餐"有"纪检味"。纪委书记上"百年党史中的纪律建设史"专题党课,微信公众号推送"党史上的纪律建设"26期,让党史学习充满"纪检味"。为有效解决项目建设点多线长"场所难、统筹难、学习难"问题,公司纪委坚持将廉洁教育送到项目一线、员工身边,以百年纪律建设史为切入点,打造全省首个集参观互动为一体的"高铁项目工地上的警示教育馆"。馆内集中展示百年纪律建设推进演变历程,设置荣辱世界时光隧道、人生进退棋盘等体验场景,让一线员工足不出户便可接受廉洁警示教育,场馆已吸引上级、兄弟单位500余人次的参观交流。三是开展系列活动有廉味。节前发布廉"节"倡议、制作廉洁月饼,让员工亲手"触摸"廉洁。坚持新入职员工及新提任干部"凡入必学、凡提必考",将纪律要求融入试题,以考促学、以学促廉。每年实行全员廉洁从业承诺,严立"军令状",营造风正、心齐、劲足、事成的良好政治生态。

3 防控并举,推动综合监督常态化

坚持防控并举,变"单一监督"为"联动发力",推进常态长效的综合监督。一是在"正风肃纪"上动真格。紧盯重要节点关键领域,关注隐形"四风"问题,注重日常检查和明查暗访,开展正风肃纪及"四风"纠治等自上而下检查14次。通过现场走访及问卷调查,了解业务部门服务态度及工作效能,"以下看上"提升监督实效,对19个问题实行清单制,持续督促整改销号,建立作风建设长效机制。二是在"风险防控"上下真功。在全员廉洁风险排查基础上,对工程建设中可能存在的风险点进行"大起底""大排摸",找准隐患,深挖原因,编制权力运行流程图23个,规范权力运行,将防控措施与日常业务有机结合。开展风险防控岗位教育3场次,出台与参建单位的"亲""清"关系管理办法,明确负面交往清单15项,有

效防范廉洁风险。三是在"联动监督"上出实招。工作重点在哪里,监督就聚焦到哪里。全面落实政治监督,定期开展政治生态建设评估。盘活督查力量,构建"公司领导＋纪检干部＋项目监督员"三级监督体系,班子成员带头包保,纪检干部联合督查,项目监督员交叉检查,联合开展疫情防控、作风效能及制度执行等检查30余次,日常监督履责到位。纪检、审计多部门联动,对经费使用、民工工资发放、合同履约等情况开展跟踪检查,强化"七事阳光"管理,堵塞管理漏洞。四是在"专项整治"上求实效。以"小切口"推动"大治理",对照国企领导人员亲属违规与企业发生业务往来问题、违规公款消费问题等8方面整治内容,细化工作举措,扩大排查范围,对81项管理制度和80个综合管理类合同进行梳理,形成30条整改意见和21个标准化流程,动态跟踪问题整改,抓好制度完善,强化治理力度。

4 结束语

作风建设和党风政风建设是党风廉政建设和反腐败工作的重点;重视政治规矩和政治纪律,保证"底线"意识,深耕"红线"意识,按既定制度框架推进监察体制改革,严肃党内政治生活,高要求管好党员领导干部的思想、言论、行为,持续净化党内政治生态。

参 考 文 献

[1] 凌敏.浅谈信息化条件下工程项目廉政建设工作[J].现代企业,2021(3):117-118.
[2] 姜玮,孙铁民,李雪菲,陈玉江.国家重大科技项目管理的风险防控——以"放管服"下高校廉政建设为例[J].中国高校科技,2020(10):13-16.
[3] 徐行军.工程项目党风廉政建设探索与思考[J].检察风云,2019(7):70-71.